税理士
松波竜太
Ryota Matsunami

その節税が会社を殺す

お金に強い社長が
コッソリやってる
節税 & 資金繰りの
(裏)ルール
31

すばる舎

はじめに

「健康のためなら死んでもいい！」

ある方が、大真面目に言ったとされる「迷言」があります。

茶化すつもりはありませんが、この言葉を聞いて、みなさんはどう感じるでしょうか。

「どんなに健康でも、死んじゃったら意味がないのでは？」

そう考えるのが普通ではないかと思います。


この本を手に取られた経営者のみなさんは、果たしてこの健康オタクの方を笑えるでしょうか。

というのも「『節税のためなら会社が潰れてもいい』と思っているのではないか？」と感じる社長さんを、私はたくさん見てきたからです。


誰でも一生懸命稼いだお金を税金に取られたくないですから、さまざまな節税策を考え、講じるものです。

実は、それらの節税が会社の首を絞め、本当に会社の息の根を止めてしまうものだとしたら……。

必死に行なっている節税策のほとんどが無意味、むしろ逆効果で、一生懸命節税すればするほど、社長の知らないうちに、じわりじわりと会社を弱らせたり、一気に幕引きを呼んだりしているとしたら……。

いきなり不安を煽るようなことをお伝えしましたが、私が「楽に経営してほしい」にこだわるのは、わけがあります。

私が独立する前に勤務していた会計事務所で担当した会社の社長は、資金繰りに悩んで自ら命を絶ちました。「もう二度とあの社長のような人を出してはいけない」そう強く心に誓い、「どうすれば楽に経営できるか」を考え、試行錯誤しながら、小手先のテクニックではない、本当に会社を強くするための方法を生み出しました。

私のクライアントの中小企業経営者からは、

「いままでこんなに会社の資金繰りが楽だったことはない」
「松波さんと出会わなかったら、いま頃会社がどうなっていたか分からない」
という評価をいただいています。

かつては取引銀行に「もう貸せません」と最後通告を下された会社も、いまでは、銀行から「融資をさせてください！」と、お願いされるようになっています。

多くの会社が抱える、お金に関する不安。儲かっているときも、会社が不調なときもその不安は常に付きまといます。

ぜひ、一緒にその不安を解消しましょう。

本書はすべて机上の空論ではない現場で培ったノウハウです。

お読みいただき、お金にも心にも余裕があり、前向きな、楽しい経営を目指しましょう！

INDEX

第4章 手元資金を増やすのは、節税ではなく銀行融資

カバーデザイン……中西 啓一（panix）
本文デザイン・図版……tenten graphics

第1章

それ「会社を殺す節税」です

01 「税金を安くできる」手法の9割は無意味、むしろ経営に逆効果

売上が増えてもお金は増えない

多くの経営者が必死になって「節税」を行なおうとしています。私のブログでも「節税」をテーマに記事を書くと、アクセス数が跳ね上がります。そこからも、多くの人にとって、非常に興味・関心の高いテーマなのだと実感します。

いきなり結論を申しますと、世の「定説」「定番」とされる節税のほぼすべてが無駄、無意味です。

無意味ならまだいい方で、むしろ逆効果、経営に悪い影響しかもたらさないものばかりです。

そのような節税をしてはいけない！　私は声を大にして言いたいのです。

私は世の多くの社長に「節税以前にやることがありますよ」とお伝えしています。多くの経営者が、あらゆる経営の場面で「思っていたよりお金がかかっちゃった」と、その都度あたふたしていると感じています。

私はどんぶり勘定の経営に対しては厳しく接していますが、決してどんぶり勘定でない、しっかりした経理担当者がいて、お金に関してかっちりしている会社でも、お金のことで苦労しているところがたくさんあります。

それらの会社の問題点は「どのくらいお金がかかるかの想定と実際にかかった額に差がある」ことです。

これは数字の問題ではありません。考え方の問題です。

どういうことか説明します。多くの経営者は「売上が増えればお金は増えるはず」と思っているものの、全然そうなっていないことを不思議に思いながら「貧乏暇なしだ。やれやれ」と日々の仕事に追われています。

売上が増えてもお金は増えません。むしろ減ります。詳しい理屈は後ほど説明します。そこを間違えたまま「毎日忙しく働いているから売上が上がって、お金も増えているはず。頑張って貯めたお金を無駄な税金にしたくないし、節税しよう」と考えますが、そもそもお金は増えていません。

お金はないのに節税に走る結果どうなるか？　さらにお金が減ってしまいます。「節税したはずなのにどうして？」と思われるかもしれませんが、その理由も詳しく説明します。

会社の死は、多くの人を苦しめ、路頭に迷わせること

「手元資金」は「会社の命」です。手元資金が尽きること＝会社の死を意味します。手元資金＝ガソリンのようなもので、それがなくなると会社も運転できなくなります。どんなに良い商品、サービスを提供していても、お金がなくなり、会社が動かなくなると、お客さんのもとに届けることはできません。

働いている従業員には家族もいます。土地や自宅を担保に連帯保証人になっている社長も多いことと思います。

会社が潰れることは、経営者も従業員も、多くの不幸な人を生み出すことを意味します。
会社には取引先があり、売上が入ってくるのを頼みの綱にしているところもたくさんあります。
それらの会社にも迷惑をかけることであり、どの会社にも従業員がいて、家族がいます。

残念ながら間違った考えのもとに動き、わざとお金を減らしてしまうアクションを取っている会社がたくさんあります。

そのような動きは、いますぐやめていただきたい、強く思います。

お金に強い社長の裏ルール①
金は会社の命！

02 その節税が会社のお金を減らす

「売上が増える」と「お金を集める、貯める」は分けて考えよう

「売上が増えてもお金は増えない」とお伝えしました。では会社が回っていくためのお金は、どうしたら良いのでしょうか？

私がお伝えしているのは、「売上が増える」と「お金を集める」は別物、分けて考えてください、ということです。

売上が増えてもお金が増えないならば、お金を増やすのは全く別の方法、ということになります。

お金は「先立つもの」と言います。売上を増やすための商品を作るには材料、燃料、機械など

を揃える必要があり、何をするにもお金がかかります。そもそも会社の創業の際にもオフィスを借りる、文房具やパソコンを買うなど、売れるかどうかも分からないうちから、たくさんの出費がいるものです。

会社の経営も、すべては「先にお金がかかる」と考えたほうが良いでしょう。そのお金がなければ、立つ売上も立たないのです。

このように「売上を増やす」よりもまずは「お金を集める」が先なのですが、大事なことを言います。世の節税策はそれを止めてしまうのです。

「止めてしまう」には２つの意味があります。１つは、節税が貴重な会社の現金を蝕んでしまうこと。必死に節税したにもかかわらず、現金は増えないどころか減っている。これが節税の恐ろしいところです。

もう1つは、節税すると銀行からお金を借りにくくなってしまうことです。

お金を集める最も簡単な方法は「銀行から借りる」ことです。節税をして利益や手元資金が減ると、銀行からお金を借りられなくなってしまう、貸してもらえても金利が高い、返済期間が短い、額が少ないなど、良い条件になりません。

「先立つもの」のお金がなければ、仕入れもできません。機械も買えません。売上を増やすためのものを作れなくなってしまいます。ないお金を必死に回す、自転車操業です。


経営の悪いスパイラルはこうなっています。

①節税する
②利益が減る。お金がなくなる
③銀行が貸してくれない
④投資ができない、取引先への支払いが遅れる、支払えない
⑤倒産

この悪いスパイラルを断ち切り、良いスパイラルにするにはどうすれば良いのでしょうか？

この順番で見ていきましょう。

①現金の減る節税をやめる
②しっかり手元資金を確保
③必要な投資が可能で経営にも余裕を持てる
④銀行が「低金利などの良い条件にしますから、借りてもらえませんか」と言ってくる
⑤売上がアップ。金利も下げられて利益アップ
⑥銀行は「もっと借りてください」と言い、さらに手元資金が厚くなる

この良いスパイラルを回すことは、どの会社でもできます。業界、業種に関係なく実現することが可能です。

「銀行が『借りてください』と言ってくる⁉　そんな馬鹿な。いつもけんもほろろだよ」と思われた社長さんも、安心してください。銀行に「借りてください」と言わせるのは、そんなに難しいことではありません。ポイントをつかむだけです。

今まで銀行からの扱いがぞんざいだったのは、そのポイントをつかんでいなかった可能性が高いです。

銀行は、実は非常に与《くみ》しやすい相手です。銀行によって多少の違いはありますが、基本の対策

は一律で良いからです。必要なお金をしっかり借りるところまで行なって、キャッシュリッチ経営は完成です。

金を持ち、そして有効に活用する！

日頃、どのくらいお金のことを考えているか、思案してみてください。相当な時間ですよね。この1日の多くの時間を奪っている「カネの悩み」。これがなくなったら、どれだけ「もっと儲けられるか」を考えられるか、そう思いませんか？

お金があるだけで、周りの扱いもガラリと変わります。手元に現金があれば、支払いに苦労することはありません。「あの会社は金払いがいい」その評判が立つだけで「御社と取引したい」と言ってくる会社は増えます。

「前金で払ってもらえるなら、代金は大きく安くします」という会社もあるでしょう。小さな節税をするよりも、はるかに大きな経費削減です。

逆に「前金で払うから安くして」と言ってくる取引先には「意味が分かりません。お支払いはあとでいいので、定価でお願いします」と言うこともでき、交渉のカードを持てます。

「お金がある」は経営を楽にする、攻めの経営を可能にする、超重要なアイテムです。

手元資金はガソリンとお伝えしましたが、ガソリンがたくさんある、ガソリンが高性能ならば、会社という車は一気に加速します。ぜひ、使いこなしてみてください。

後ろ向きな節税などせず、前向きな「会社のお金を増やす」。これは誰でもできることなのですから。

お金に強い社長の裏ルール②

節税をやめるのは、攻めの経営の第１歩！

03 保険が会社を追い込んでいた

「節税のための節税」になっていませんか

「節税は悪」とお伝えしました。

具体的にどのような節税がしてはいけないものなのか、お伝えします。

「節税」と聞くと「うちも節税したい！」と冷静さを欠いてしまう経営者が多いのです。

何年も赤字が続いて、本来であれば法人税を支払う必要のない企業からもそういう意見を聞くことがあります。

赤字なら節税の前にするべきことがあるはずなのですが、まるで「よく分からないが、とにかく税金を払わないのは正義」と言わんばかりです。

そのような企業ほど、本書のテーマである「会社を殺す節税」をしていたりします。もはや節税が目的になり、それに時間や労力を取られて大切なお金まで失い、経営が苦しくなってしまっているのです。

本末転倒、手段と目的の取り違えです。

「真面目に税金を払っていては金が貯まらない」

「知り合いの○○さんは、売上をごまかしてお金を貯めた」

「事業と関係ない経費を上げて利益をごまかした」

よくこんな話を聞きます。

こんな話を聞いてしまうと、「うちもできないものか」と思われるかもしれません。

しかし、課税当局はそんなに無能ではありませんし、ごまかせば必ずばれると思った方がよいです。ごまかす経営は論外です。

それに、後述しますが法人税率は意外と低いものです。

節税の代表選手のように言われるのが「保険」です。

確かに保険料を支払ったときには経費を増やせて法人税が安くなりますが、一定の契約期間を経て、満期や解約返戻金のピークの時期が来たときには、その満期保険金や解約返戻金には法人税がかかります。

ですから、**法人税は先延ばしになるだけで、損も得もありません。**

「何もしない」のが一番の節税!?

簡単なクイズに挑戦してみましょう。会社で1000万円の利益が出そうです。ここで会社が取るべきはどちらでしょうか。

①何もせず、法人税を払う

②生命保険（全額損金タイプ最高解約返戻率73・65％）に入って法人税を減らす

正解の前に、②の生命保険について解説します。

生命保険には会社の経費にできて、解約するとそれまでに支払った保険料が戻ってくるタイプのものがあります。

全額損金タイプとは、支払ったときに全額経費として良いと国税庁により認められている保険です。

また、支払った保険料の累計に解約返戻率を掛けた額が解約時に返ってきます。

実は2018年4月現在の税法に基づくと、利益1000万円に対する法人税は263万5000円（地方税均等割を除く）となっています。

言い換えると、税負担率は26・35％です。

2017年に生命保険の予定利率が引き下げられたことにより、解約返戻率が大きく下がりました。

条件によっては返戻率が80％を下回るものもあります。

そうなると、保険会社に20％取られた上に、解約返戻金に税金がかかるというダブルパンチとなります。

たとえば、1000万円保険料を払うとその全額が経費になるので、会社に残る利益はゼロになります。したがって、法人税も（均等割を除いて）ゼロ。

ならば保険に入った方が良さそうですが、ここからが大切なところです。

解約時に返ってくる解約返戻金と支払保険料との差額、つまり、実質保険料は法人税と同額です。

しかし、手元の資金を見るとどうでしょうか？

利益を残して法人税を払ったら残りの736万5000円を自由に使えて、1000万円の保険に入ったら手元資金はゼロになってしまいます。

ですから、会社の資金繰りを考えるならば、「何もせずに法人税を支払う」が正解となるのです。

100万円節税するには保険料が500万円必要

最近は、全額損金（支払った保険料の全額が経費になる保険）のタイプの保険は少なくなり、

法人税も保険も、支払う額は同じ

支払う額が同じなら、保険の方が得なようだが
資金面を見ると……

利益1,000万円

法人税 263万5,000円	手元に残る 736万5,000円

1,000万円の保険を契約

保険料 1000万円

法人税を惜しんで保険に入っても、
金額で得はない上に、手元資金がゼロに！

半損（支払った保険料の半分しか経費にならない保険）タイプの保険が主流となっています。

１２００万円の利益に対する法人税は３３８万円です。

たとえばこれを、１００万円減らして２３８万円まで減らすには、いくらの半損タイプの保険に入ればいいのでしょうか？

なんと５４０万円も支払わないと、法人税は１００万円減らないのです。

法人税の１００万円を納めないために、５４０万円もキャッシュアウトが生じてしまいます。

なぜかお金が足りない原因が、社長の法人税アレルギーの可能性がある訳です。

さらに、保険契約の場合、かけた保険料が全額戻ってくるようになるまで、平均して３～８年程度の期間ずっと契約を継続することが必要になります。

しかし、この期間ずっと利益を出し続けられる保証はどこにもありません。

会社は赤字でも解約するともったいないからと、泣く泣く保険料を支払い続けているケースもあります。それは本末転倒です。

まさに「会社を殺す節税」の典型例と言えます。

私のところに資金繰りの相談に来られた会社に保険契約があった場合には、損得関係なく解約していただくことにしています。

保険など最低限の最低限で良い、が私の考えです。

お金に強い社長の

裏ルール③

保険は今すぐやめる！

04 保険会社のセールストークには、穴がある

「実質返戻率のカラクリ」に注意

保険会社から発行される解約返戻金の予定表などには、支払った保険料が単純にいくら戻ってくるのかという「単純返戻率」と、下がった法人税を考慮する「実質返戻率」が表示されていることが多いと思います。

「単純返戻率では80％だけれども、税効果を考えた実質返戻率では１００％を超える」という保険会社のセールストークが展開されています。

しかし、このトークにはマジックがあります。戻ってきたときにかかる法人税が加味されていないのです。

つまり、**「解約した際にたまたま損失が出ていて法人税がかからない」ことが前提となっ**

ているのです。

確かにちょうど満期や解約の時期に赤字であれば、法人税は免除されます。

しかし、赤字は出そうと思って出すものではありません。

ですから、そううまくいく可能性は低いのです。

一般的には単純返戻率で検討しないと、先述の通り、保険会社に保険料を取られた上に解約返戻金に税金がかかるという、ダブルパンチとなります。要注意です。

退職金も保険で積み立てると苦しくなる

「役員や従業員の退職金の準備に」と、保険を勧められて入る経営者が多いようです。

「保険を使って節税しながら退職金の準備をしないと、法人税を支払いながら貯めようと思っても難しい」

一見正しく見えます。

しかし、これは単なる都市伝説です。

先述の「100万円法人税を節税するために必要なキャッシュ・フロー」を裏返して考えれば簡単です。

退職金の準備として会社が毎年540万円を引き当てなければならないとします。

ところが、これを準備するために保険に入っても、実は法人税は100万円しか安くなりません。逆に保険に入らなければ、法人税は100万円払っても、440万円が手元に残ることになります。

どちらが手元に資金が残るでしょうか？

答えは明らかで、保険に入らずに、自社で定期預金でもしておく方が残ることになります。

お金に強い社長の裏ルール④
保険会社にダマされない！

05 「払うべきお金」は何か？

「有利になる支払い」はこれ

「借入総額の１％程度の法人税を払うぐらいの利益を出す」ことを私はお勧めしています。

そうすることで、銀行の評価が高くなり、融資の条件が良くなります。銀行から好条件の融資を受けるためには、ある程度法人税を払っておく必要があります。

たとえば５０００万円の借入があるならば、50万円法人税を払いましょう。

税率を考えると、だいたい２００万円程度の経常利益を出していれば50万円ほどの法人税になるかと思います。

経営者の多くは法人税アレルギーを持っていますので、「50万円も税金を払うなんて！」と考えます。

しかし、**法人税を払う＝利益が出ている会社です。利益が出ている会社＝「銀行が貸したい会社」なので、利息は低くなります。**

法人税は払わないが金利を低くしてくれと言っても、銀行は首を縦に振ってくれません。

ちょっと払った方がトータルの支払い額は抑えられる

銀行は「融資額＝最終利益の10〜20倍」という風に、利益を融資額判断の一要素と考えているので、法人税が多いと融資の枠も増えることになります。

場合によっては、法人税を50万円支払うと、下がる金利の方が大きくなることさえあります。

法人税を払うことで、選択肢をたくさん持つことができ、経営のハンドリングを行なうことができるようになります。

まさに、「損して得取れ」です。

逆に言えば、この1％を超える法人税を払うのは無駄。

利益の出しすぎです。

これからまだまだ伸びる会社であれば、この率を超えた利益は投資に回す、次期以降に繰り延べるといった方法で、コントロールする必要があります。

お金に強い社長の裏ルール⑤

法人税を払うからこそ節税できる！

第2章

「法人税アレルギー」が会社を潰す

06 「法人税を払うくらいなら役員報酬」が会社を殺す

理想は「役員報酬ゼロ」

利益が多く出るから、役員報酬を増やして法人税を少なくしたいと考える経営者が多いようです。

課税対象1200万円の会社があるとします。

税金を考えると、課税対象1200万円を法人にそのまま残して法人税を支払うか、役員報酬を月額100万円個人で受け取り、個人で所得税を支払うのか、どちらが国に持っていかれる額が多くなるでしょうか？（社会保険加入済を前提とします）

税率だけ考えたら、個人で取った方が低くなり、この場合だと税金は206万円となります。

おおよそ17％です。

ただし、個人の給与からは「社会保険」が引かれます。

社会保険には個人負担分と会社負担分があります。

社会保険率は、（上限はありますが）約14％です。ですから、会社負担分と合わせると約28％となります。

一番低い所得税率は所得に対して15％です（地方税10％を含む）。

しかし、15％プラス28％ですから、役員報酬にすると43％の負担が生じます。社会保険料は法人税や所得税を減らす効果がありますので、

個人に課される税と法人に課される税は、こんなに額が違う！

課税対象額1,200万円の個人（所得税）と法人税

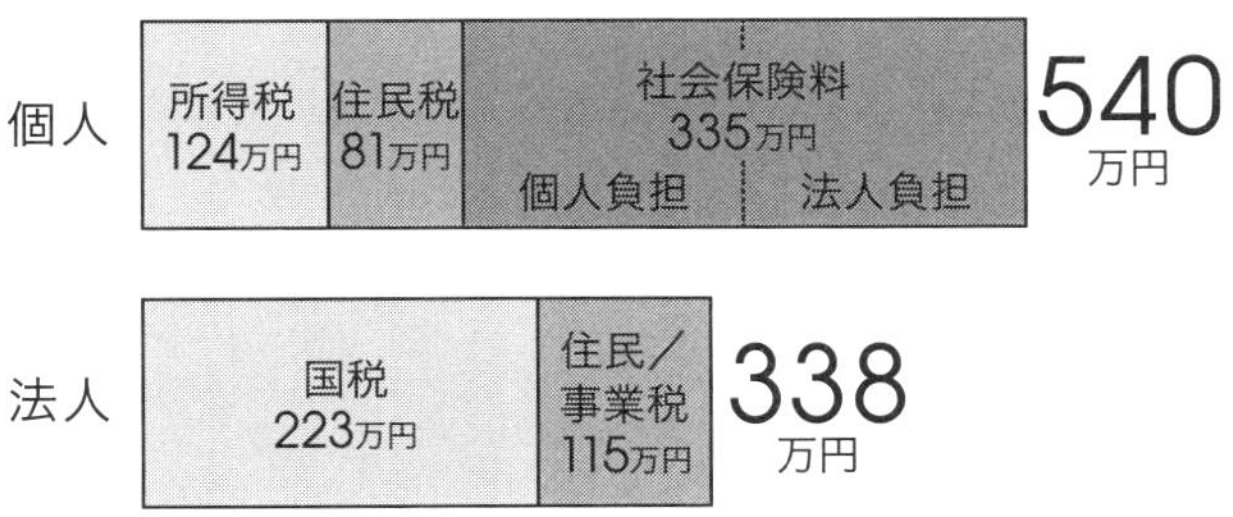

単純計算しすぎていますが、イメージとしてはこのような感じです。

これに対して1200万円の法人所得にかかる法人税は、338万円です。28・2%で済んでしまいます。

したがって、**利益が出ている分は、役員報酬で取るよりも会社に残した方が有利**ということになる訳です。

これはどの所得ゾーンにも言えることです。

少し極端ですが、役員報酬はゼロが、税金だけを考えると一番良いのです。

仮に「お金が借りられなくて困っている」「会社の資金繰りに苦しんでいる」のであれば、ためらいなく役員報酬を下げるべきでしょう。

実は所得税率と法人税率は2012年を境に逆転しています。

昔は所得税の方が低かったですが、いまは法人税の方が低いです。

このことを知らず、以前と同じような感覚で役員報酬を受け取っていると、思わぬ損をしていることになります。

「赤字でも支払う税金」が会社を蝕む

ここからは、資本金1億円以下の中小企業に的を絞ってお話しします。

法人税（国税、住民税、事業税）は5段階の累進税率が採用されています。

税率は利益400万円以下が約22％、800万円以下で約25％、2500万円以下で約37％、4273万円以下で37・5％、4273万円以上で約38％となります。

また、赤字だった場合には、その損失を9年間にわたって繰り越し、次期以降の利益と相殺して法人税を計算することが可能です。

一方で、所得税（国税、住民税）率は15％から55％の7段階の累進課税率となっています。

また、役員報酬のような「給与所得」については、収入から「給与所得控除」というみなし経費を引くことになっています。

給与所得控除は、所得税率の逆で所得が上がるごとに控除率が減ります。

役員報酬年額600万円の場合には174万円（約30％）ですが、年額1200万円の場合には230万円（約20％）となります。

また、230万円が上限となり、これ以上役員報酬を増やしても控除額は増えません。

社会保険料率は先述の通り、約14％です。

社会保険料には上限が設けられており、年金については給与が月額63・5万円以上、健康保険は月額135・5万円以上は一定額となります。

この社会保険料も所得税を計算する上では「所得控除」つまり経費とみなします。

しかし、忘れてはいけないのが、社会保険料には個人負担と同率・同額（14％）の「会社負担額」が求められることです。

当然ですが、これは役員報酬や給与を支払う限り、会社が赤字でも支払う必要があります。

一方、法人税も所得税も「利益」に対して課されますので、利益がゼロまたはマイナスの場合にはかかりません。

税金には「払うとトクなもの」「払うとソンなもの」がある

次ページの表をご覧ください。

中小企業における法人税の所得ごとの負担率を見て分かる通り、法人税の負担率は意外と低いものです。

とくに、法人所得800万円以下の場合の負担率は所得の約4分の1となっています。

従業員の給与を増やしたり設備投資した場合の減税を考えると、負担率はさらに低くなります。

つまり、**法人税を支払っても利益の4分の3から3分の2を手元に残せることになります。**

「まともに法人税を支払っていては会社に金が残らない」は、単なるイメージといっても良いでしょう。

法人所得と課せられる税額

法人所得（単位：万円）	法人税額（単位：万円）	率
100	22.0	22.0%
300	67.1	22.4%
500	114.7	22.9%
800	189.4	23.7%
1,000	263.5	26.4%
2,000	633.9	31.7%
3,000	1,004.4	33.5%
5,000	1,780.5	35.6%

逆に、このような形で利益を出し、法人税をしっかり払っていると、儲かっている会社、貸しても返してもらえる会社だと銀行に思ってもらえて、銀行からの資金調達が楽になりますので、手元資金は増えることになります。

つまり、法人税を抑えるために、「払うべき法人税」を支払わず、役員報酬を多くして「払わなくても良い所得税や社会保険料」を払うことで、経営がより苦しくなってしまうのです。

「役員報酬はムダ！」

断言します。

お金に強い社長の

裏ルール⑥

「税金の仕組み」を知り、払うべき税金を払う！

07 法人税が実は一番得

税制改正で所得税はますます損に

ここ数年、個人への課税強化が続いています。

優れた企業を誘致するため、あるいはより低税率国への移動を防止するために、世界的に法人税率の引き下げ競争が行われています。

我が国においても、法人税収は、国際的な活動をしている力のある大企業の寄与率が高いことから、引き下げ方向の圧力が高い状況が続いています。

国際的に見ても日本の法人税負担率は高い方ですから、この流れはとどまることはないでしょう。

法人税が下がる一方で、国の借金は1000兆円を超えて久しく、現時点でも国債の発行が償還額を上回っている、財政再建待ったなしの状態が続いています。

他の国にならって法人税を引き下げた分、他の税で帳尻を合わせなくてはならない訳です。

この帳尻を合わせるのが、所得税、消費税、相続税ということになります。

2005年からは所得税の最高税率が5％引き上げられ、国税と地方税を合わせると55％となっています。

2012年には相続税の大改正があり、基礎控除が大きく引き下げられました。

これにより、それまで相続税の課税対象が大きく増えました。

また、2019年には消費税率が8％から10％に上がります。

さらに2018年からは高所得者に対する配偶者控除の見直しが行われ、本人の合計所得が1000万円を超える場合には、これまで配偶者に給与所得や年金所得がなければ38万円の控除を受けられていたものが、13万円に減ってしまいます。

また、２０２０年からは高所得者に対する給与所得控除（給与収入８５０万円で１９５万円が上限）がさらに縮減されることが執筆時点で検討されており、さらなる増税となることが見込まれています。

一番お得な納税の形は法人税、そのことをしっかり頭に入れてください。

役員報酬はほとんどが所得税に取られる　役員報酬を増やして手取りは増えましたか？

「役員報酬にすると所得税も社会保険も高くて非効率なのはよく分かった。でも、貰えるものは貰っておきたいし」

と考える方、役員報酬を多くした結果、お金が増えている実感はありますか？

役員報酬には所得税がかかります。

今後の増税もさることながら、現行税制でも所得税は超過累進税率といって、所得が上がれば上がるほど税率が上がります。

つまり、**役員報酬を増やせば増やすほど、手取り率は低くなる**ということです。

では実際の、役員報酬の手取り額を見てみましょう。

下の図は役員報酬を月額50万円ずつ増やした表になっています。

このように、役員報酬を50万円増やしても、所得税や社会保険料負担が重いために、手取り額はあまり増えません。

月額50万円から１００万円に増やした場合には約34万円増えていますが、月額１５０万円から２００万円の場合は約27万円しか増えません。

役員報酬の高い課税・社会保険料

役員報酬月額	社会保険料	税	手取り	差額
50	7.1	4.2	38.7	
100	10.5	16.9	72.6	33.9
150	12.6	36.7	100.7	28.1
200	12.6	59.3	128.1	27.4

（単位：万円）

しかも、社会保険料は会社負担分もありますから、役員報酬を増やして法人税が減ったとしても、社会保険料の会社負担分が増えてしまうために、会社と個人を合算した場合のトータルの手取り率はさらに悪くなります。

役員は手取りが少なくてももらえるのは嬉しいと言うかもしれませんが、会社経営の観点からは役員報酬とは非効率なものです。

「役員報酬を会社に貸す」無駄

さらに役員報酬は多くても、会社のお金が足りなくなり、役員が貸している会社が、非常に多くあります。

「貰えるものは貰っておきたい」と受け取った役員報酬を、結局会社に投入している形です。

その貸付は、最初から役員報酬にしなければ、行わなくて良いものだったかもしれません。

２０１２年までは「役員報酬でもらって会社に貸す」が税率の上で得でした。今は得ではありません。

みなさんの会社に貸したお金は、返ってくるでしょうか？　返ってくることを期待している人はいないでしょう。

それならば、会社に貸さなくて良いように、会社のお金をもっと多くした方が良いことになります。

役員報酬にしなければ、引かれる税金も少ないので、会社で有効活用できるお金は増えます。

役員報酬の原資は、会社の利益です。会社が死んでしまっては、原資の出所もなくなります。手取りにして非常に少なくなる役員報酬など、小さな額にこだわるよりも、会社の経営に関する不安をなくせるよう努めた方が、経営の形として健全です。

お金に強い社長の裏ルール⑦　「効果的な納税」をしよう

08 役員報酬を払うほど、従業員のやる気が奪われる！

最も怖いのは人材の毀損

巷には多くの節税本が出回っています。

「あれもこれも経費で落とせる」といった類など様々です。

「１００万円節税すると、粗利率20％の企業であれば売上５００万円に相当する」

このような説明を見ると、節税することが最大の正義であるかのように感じてしまうのも無理はありません。

もちろん、投資促進税制(注1)や所得拡大税制(注2)など、政策的に進められている税制優遇措置は最大限受けるべきです。

問題は「家事費」に近い経費です。

確かに、家用に買ったパソコンも仕事にまったく使わないことはないでしょうし、仕事のためと言えば、家の水道光熱費やら通信費も経費であるという理屈をつけられないことはありません。

あるいは、友達と行ったゴルフや会食だって仕事につながる可能性も小さくないでしょう。

さらに言うと、家族だって会社の利益にまったく貢献していないこともないでしょうから、給料を支払うこともおかしくないかもしれません。

また、税法では一定の基準を満たせば、安い家賃で社宅に住むことも可能です。

しかし、企業の最大の利益要素は何でしょうか？

言うまでもなく「人材」です。

社員1人ひとりの心がけや創意工夫、あるいはお客様との信頼関係もそうですし、会社に対するロイヤリティが利益につながります。

これらを上げるのは一朝一夕というわけにいきません。

逆に、上げるのは難しく、下げるのは簡単です。

これらが上がっても利益に直結するとは限りませんが、少なくともこれが損なわれることで、利益は減ります。

自分たちの頑張った成果が、社長個人の経費に回っていると分かって頑張れる社員がいるでしょうか？

社長１人でやっている、あるいは従業員が家族しかいない、そんな会社であれば、従業員のモチベーションを気にする必要もないので、最大限に税額の小さくなるような税法の解釈・運用をしても利益が低下することはないでしょう。

しかし、それ以外の会社、つまり世の中のほとんどの会社であれば大いに気にすべきところなのです。

社員さんは見ていますよ！

こっそりやっているつもり、あるいは、理屈をつけて自分なりに納得しているつもりでも、社員さんは見ています。

「これは業務に関係ある！」

税務署あるいは税理士が認めてくれたとしても、社員さんはそれを理解してくれるでしょうか？

いいえ、社長に対する成績表にペケを付けています。

公私混同と思われるお金の使い方に注意

実は、役員報酬をたくさん支払うことで税金が高くなることなど、瑣末な問題です。少々節税できるよりも、失うものの方が多いと考えます。

先ほどのような「○○は経費で落とせると聞いたけど……」と、個人の支払いを経費にできないかという相談を受けたとき、私が社長に言うのは「経費にできる部分もあるでしょうが、経費にしたその分だけ、全従業員のモチベーションが下がりますけれど良いですか？」です。

社長の姿勢は、自然と社員に伝わったり、個人の支払いを経費にしていたらなぜか漏れていたりしているものです。

「３万円社長個人の支払いを経費にするとして、従業員が10人いたら10倍の30万円分従業員のモチベーションが、１００人いたら３００万円分下がりますよ。それに比べて節税できる額は極わずかです。それでも良ければ、経費にしましょう」

私はそうお伝えしています。

売上をもたらしてくれる大事な従業員のやる気を奪い、生産性を落としてまで行わなければならない節税が、果たしてあるでしょうか？

断言します。そんなよこしまな脱税や節税では、お金は貯まりません。

その分を利益に回して安い金利で大きな資金を引き出して設備投資をしたらどうでしょうか？ライバルとの差別化を図ると同時に、大きな節税を図ることができます。

さらに、節税で浮いた手元資金は、さらなる投資の可能性を広げます。

節税の基準も後述するように、「成長のための投資」につながる費用から生まれるものであるかどうかに置くべきなのです。

繰り返しになりますが、節税の目的は「利益の確保」にあったはずです。

目先の節税に惑わされて、大きな目的を見失わないように気を付けなければなりません。

（注1）一定規模の設備投資に対して、特別償却（通常の減価償却費とは別に、一定率あるいは取得費全額を償却）または税額控除（設備の購入額の一定パーセントを法人税から差し引く）を認める制度

（注2）基準の年度と比べて、従業員に対して支払った給与が増えている場合に、増えた額の一定パーセントを法人税から差し引く制度

お金に強い社長の裏ルール⑧

「その支払いは新たなお金を生むか？」で考える

09 無駄な節税をやめた会社が、手元資金を5倍に！

赤字の会社がなぜ税金対策を？

数年前に、とある会社から相談を受けました。

その会社は、「数年赤字が続いており、銀行からの融資も厳しく、このまま会社を続けられるかどうか……」という状況でした。

製造業で、年商が1億7０００万円弱、税引後利益がマイナス約１２００万円の赤字でした。会社は赤字なので法人税は払っていません。

手元資金も月商の１カ月分ほどしかないので、消費税の予定納税や賞与の月には資金が不足し、そのたびに銀行に融資を申し込んでいる状態でした。

私が決算書をチェックしてみて、驚きました。

役員報酬を３８００万円も払っているではないですか。

さらに、法人税を払っていないのに節税用の保険にも加入していました。

「どうして赤字なのにこんなに役員報酬を取っているのですか？」

と質問したところ、

「利益を会社に貯めても税金に取られるだけなので、一度個人に支払って、個人から会社が借りる形を取った方が良いと税理士から指導を受けました」

という回答でした。

いったい、どれだけ無駄な所得税を支払っていたことでしょう。

まさに「その節税が会社を殺す」状態です。


しかし、こういう状態であれば、赤字を脱するのは簡単です。

まずは役員報酬を減額してもらいました。

具体的には、実質的に中心となっていて後継者候補であった専務の報酬はそのままにし、社長とその奥様の給与を半分以下にしていただきました。

会社が生きるか死ぬかのときです。社長には「会社を殺すつもりなら、そのままの報酬を受け取ってください」と話し、納得してもらいました。

また、生命保険も解約。

その他にも会社の資産で金になるものは全部売るなど、打てる手はすべて打ちました。

支払い額は同じで黒字化、経営も順調に！

その結果、翌期には黒字に転換。

黒字になったので銀行は話を聞いてくれるようになります。そこから銀行と交渉しながら返済と融資のバランスを整えて、２年ほどかけて手元資金を増やしました。

現在では……

・利益が出るので、銀行融資が下りる

・投資したいときに融資が下りるので、最新の設備を導入できる
・最新設備の導入によって、同業他社との差別化が図れる
・その結果、売上が上がり、さらに機械に任せて生産性アップ、人件費も抑えることができる
・そしてより多くの利益を獲得できる

という、良いことづくしの好循環の中で順調に会社を大きくされています。

また、手元資金は当初の月商1カ月分から大きく増え、4・9カ月分となっています。

借入こそ5000万円ほど増えて、1億2000万円となっていますが、年間の利息支払い額は、逆に当初の360万円から270万円と減っています。

借入額は増えていても、利率を下げられて利息は減っているのです。

その分、法人税を90万円ほど払っていますが、融資を受けるための「金融費用」の一部と見るならば、合わせて360万円ですから、当初の支払利息額と同額となります。

同じ利息を支払いながら、一方は手元資金月商1カ月弱、もう一方は月商5カ月弱。どちらが余裕を持った経営ができるかは明白です。

また、「必要なときに銀行に融資をお願いする」立場から、銀行に「融資させてもらえませんか？」と、お願いされる立場に変わっています。

従業員への還元にも積極的になり「頑張れば報われる」と従業員のモチベーションも高く、豊富な資金を元に、経営は非常に順調です。

潤沢な手元資金と資金繰りの安定は、経営者の心の安定につながり、心の安定が正しい経営判断につながるのです。

これ以降の章で、そこにたどり着くための具体的な方法を説明していきたいと思います。

お金に強い社長の
裏ルール⑨

無駄な節税をやめることで、会社は飛躍する！

第3章

無借金経営は死へのカウントダウン

10 儲かるほど、手元のお金は減る

「いくらお金が必要か」把握できていない会社がほとんど

節税に走ると会社の成長を止めてしまう、息の根さえ止めてしまうことをお伝えしてきました。

ここで、本書を通してお伝えしたいことの結論を申し上げます。

それは、

「世の中、結局カネ」

ということです。

金があるからうまくいく、金があるから利益も出るのです。利益が出たから金が貯まるのではありません。

世の中、結局カネ

カネがあるから……

・選択肢が持てて、有利な交渉ができる
・必要な投資ができる、ライバルに先駆けて動ける
・迅速な決断、決定ができる
・優秀な人材を雇える、業務を発注できる

カネを持つ者がビジネスを制する！

中小企業の社長の勘違いに「儲かっていればお金は増える」があります。
売上が増えれば入金も増え、会社の通帳記入額も大きくなる……。
大間違いです。前受なり現金で入金してもらえる業種以外のビジネスでは、**売上が大きくなると、その分お金は苦しくなります。**

大きな売上の取引は、発注から納品、入金までが通常よりも長くなることがしょっちゅうです。関係者の数が多い大きな企業相手の取引などでは「全員の合意を取る」だけで時間も必要です。次々に来る修正依頼に、時間と費用をかけてその都度対応するも、予定納期はオーバー、遠くなる「支払い予定日」。

この間も、大きな売上に対応するための設備投資や増員した分の人件費は発生し続けます。持ち出しばかりがかさんでいき、頭の中はお金のやりくりのことばかり。待ちに待った入金がされた頃は「売り上がった！」喜びよりも「やっと入ってくれた……」という安堵感、そんな経験を、多くの社長がしているのではないでしょうか。

「それでも大きなお金は入った」と思いきや、ようやく入ってきたお金のほとんどは、「残っていた材料費の支払い」「クライアントの無茶振りに徹夜で対応してくれた従業員の残業代」「工場の設備投資の支払い」というように次々消えていきます。

「ほとんど何も残っていないじゃないか……」

そう思った矢先に、営業マンが「社長、大きな受注取ってきました！」と帰ってきます。

会社全体がお祝いムードのなか、社長は１人「あの会社の支払いサイトは、今回より長かったはず。要求も厳しいから、対応する人も増やさないといけないだろうし、金は持つだろうか……」と浮かない顔。

売上は大きくても、会社は常にギリギリの資金で運転、そんなことは珍しくありません。

カネがあるから儲かる

私はこれまで数多くの相談を受けてきました。たどり着いた結論は、多くの企業が「本来必要な手元資金の量を少なく見積もりすぎている」、あるいは「業績が良くなれば資金繰りも楽になるはず」という妄想を描いているということです。

業績が良いから資金繰りが良いとは限りません。むしろ、**「業績が良いほど資金繰りは大変**

になる」と思っていただきたいと思います。

お金は増えていないのに、利益が出そうだと保険を使って節税を行ない、ますます資金繰りが苦しくなっているケースも珍しくありません。

結果として、資金不足を理由に大きな商談を躊躇する、必要な時期に投資ができなかったために競争から取り残されるなどの悲劇が生まれています。

これは「必要な資金はその都度用立てる」という大企業には可能な財務戦略を中小企業に当てはめようとすることや、自己の乏しい経験で資金繰りを行なっていることが原因です。

中小企業は「借りたいときに借りる」ことなどできません。「銀行が貸したいときに借りる」だけです。では銀行に生殺与奪権を握られているのかというと、決してそんなことはありません。「いつでも銀行が貸したいようにしておく」ことは可能です。その状態を常に作れれば、資金は常に余裕が持てます。

資金のある会社は投資をすることで利益が生まれ、さらに投資で正しく節税をする。

その節税によって、さらに資金に余裕ができる。

加えて、利益が出ているから銀行からも好条件で資金供給を受けられる。

資金の勝ち組になるか負け組になるか、この点こそが会社の明暗を分けるのです。

みなさんの会社の手元資金は月商の何カ月分あるでしょうか？

私が決算書でよく見かけるのは、月商の約1カ月分です。

手元資金が月商の1カ月分しかないと、資金繰りはそこそこ厳しくなってしまいます。

賞与を出す資金も、法人税や源泉所得税などの納税資金を捻出するのも難しいことが多い、それが月商1カ月分です。

こうなると、新たな事業展開などを考えるには、まず「資金は持つか？」から考えなければなりません。

このような状態で経営を前向きに進めていくことができるでしょうか？

前向きな攻めの経営には、厚い資金が欠かせません。

資金を厚くしていく、それが必須なのです。

資金繰り表を作るから資金が尽きる

「資金繰り」というと、支払いに必要な資金を用立て、売上の入金で支払いができなければ、銀行から融資を受けるという動きをイメージされるのではないかと思います。

資金繰り表を作成し、残高がマイナスにならないよう管理されている会社もあると思います。

しかし、ギリギリの資金繰りは経営者の事業意欲に良い影響がありません。

銀行から融資を受けられなかった場合を考えざるを得ないからです。

資金繰りとは「会社が潰れないためにお金をやりくりする」ことで、表を作るとはすなわち「どうやりくりするか」を考えることです。

事業を前向きに行っていくのに「資金の心配」はマイナス以外の何物でもありません。

「やりくりする」をなくすためにはどうしたら良いか？　一番簡単かつ確実なのが「借りる」ことです。

お金を「足りなくなるから借りる」ではなく「お金のことで悩まなくていいために借りる」というように、考え方を変えてみてください。

「利息が発生するからできるだけ借りたくない」と考える方もいらっしゃいますが、いまのような低金利時代においては、利息など大した額になりません。むしろ、資金繰りの費用や資金の心配は、融資を受けて少しの利息を支払うことで減らすことが可能です。

場合によっては、支払利息は資金繰り表を作成する人件費より安く済みます。そしてそもそも「借りられなかったらどうしよう？　お金のやりくりは大丈夫だろうか？」という不安からの解放は、お金には代えられない価値があります。

事業に必要な資金量を把握し、その残高をキープできるように融資を受け、また、その融資を受けるのに必要な利益を出し、無駄なく法人税を借入残高の１％程度支払うようにコントロールすることが大切です。

お金に強い社長の

裏ルール⑩

お金を借りるのは「お金のことで悩まなくするため」

11

「必要になったら借りよう」と思っても手遅れ

手元資金の目標は、まずは月商の2カ月分

会社経営でカネがかかるときはいつでもあるものですが、共通しているのは「足りない事態になってしまってからでは、銀行からは借りられない」ということです。

多くの方が「必要になってから銀行に借りよう」と思っています。

しかしたいてい、そのときになってからでは銀行は貸してくれません。

あとで説明する「銀行の理屈」で考えれば当然です。

ですから、こういう事態に備え、あらかじめ借りておき、資金に余裕を持っておく必要がある

のです。

投資の失敗や取引先の倒産といったお金がかかるシチュエーションも、お金さえあれば乗り切れます。

「そう簡単に言うな」と思われるかもしれませんが、順序さえ間違えなければ、豊富な手元資金を持つことは、難しいことではありません。

まずは手元資金、月商２カ月分をキープすることを目標にしてみてください。

理想は３カ月分です。

私のお客様には３カ月分を目標にしてもらっています。

そしてほとんどの会社が、それを達成しています。

業種も問わず、決して難しいことではないのです。

正しい手順さえ踏めば、必ず達成できます。

なぜ「３カ月分」が必要か？

多くの会社の一般的な「月商１カ月分」では、賞与などの季節性の出費に耐えられません。２カ月分あれば、たいていの大きな出費に耐えられます。

月商3カ月分の手元資金を持つためのステップ

1 無駄な出費をなくし、手元資金を増やす

・役員報酬をカット
・余計な保険を解約
・法人税を納める
・試算表を作成し、毎月の利益と目標を確認

2 融資を受け手元資金を厚くする

・融資に前向きな銀行を選ぶ
・金利、返済期間などの細かい条件よりも「まずは融資を受ける」
・借りたお金をキープし「実質無借金経営」にする

3 銀行と交渉し、有利な条件を引き出し、さらに手元資金を厚くする

・複数の銀行を組み合わせ、競争させる
・短期借入は長期借入にする
・保証協会を外し、プロパー融資を引き出す
・銀行に頭を下げない。銀行に「借りてください」と言わせる

３カ月分あれば、資金面では盤石と言えます。先ほどの資金繰りに苦しんだ社長も、新たな大型受注を「でかした！」と諸手を挙げて喜べる状態です。

前ページの図のステップを、詳しく説明していきます。

豊富な資金が会社を潰す!?

「月商３カ月分」とは、どのくらいのお金でしょうか？

年商５０００万円の会社なら、約１２５０万円。

年商１億円の会社で約２５００万円。

年商10億円なら約２億５０００万円

これだけのお金がドンと口座にある状態で、すぐに出ていく予定もない訳です。経営はどれだけ楽でしょうか。

一方でそのような状態は、〝悪魔の囁き〟でもあります。

「お金の余裕は心の余裕」とお伝えしましたが、人はいままで得たことのないお金を手にすると、今度は気が大きくなってしまいます。

賢明な経営者でも、一度は陥る罠なのです。

たとえば……

・手元に資金があるのは自分の実力と勘違いする
・会員権、高級外車、時計、別荘など収益と関係の薄い投資をする
・借入をせずに大きな投資をしてしまう

といったことがあります。

当たり前ですが、銀行から借りたお金は決して自分のお金ではありません。

それでも感覚が麻痺してしまうようです。

ただ、この症状もたいていの人は一時的なもので、慣れるものです。

逆に、お金は常に多めにあるのが普通、手元資金が月商2カ月分を切ると不安になるぐらいの

感覚になります。

そうなると、事業も銀行付き合いもスムーズに運びます。

もちろん、会員権や時計なども、個人で買っていただく分には何の問題もありません。「売上につながる」目的の投資でないものが会社の決算書に載るのが良くないだけです。

お金に強い社長の
裏ルール⑪

金を持ったときこそ、冷静に。

12 借入、銀行に対する「間違った思い込み」

増資か借入以外、中小企業にお金が増える理由はない

「手元資金は厚くしたいが……金はできるだけ借りたくない」という堅実な経営者も多いでしょう。

その考えはとても素晴らしいですが、これまでも説明してきたように、会社が多くの手元資金を持つために、借入は欠かせません。

多くの会社では売上が増えても、手元資金は増えません。むしろ減ります。お金を増やす方法は2つ、借入をするか、出資を受けるかです。

出資はそう機会のあるものでもないですから、実質的には借入だけです。

「借入をせずに手元資金を多く持つ」ことを目指すと、できる手立てはほぼ「節約」となります。

必要な経費を削る、投資をしない、支払いを渋る……。

それでは会社の成長が止まり、また取引先にしてみれば、支払いがされなければ信用を落とし、あの会社は危ないんじゃないかと思われ、ライバル会社に乗り換えられるといったことになるかもしれません。

実は、お金を借りられる額＝信用力の高さでもあります。

なぜ銀行はお金を貸すのか？　それは「貸しても必ず利子をつけて返してもらえそうだ」と信用するからです。信用のない相手、返してくれそうにないところには貸したりしません。

銀行はなぜ会社や個人にお金を貸すのか？　それは「金貸し」という「商売」だからです。お金を貸し、利子を含め大きくして返してもらうことで、儲けを出しています。

銀行が貸してくれる＝その道のプロのお墨付き、ということですから、ぜひ有効活用していただきたいと思います。

また、もし返済がうまくいかないような事態になった場合も、銀行に相談することで、銀行も一緒に策を考えてくれます。

貸した銀行にしてみれば当事者であり、貸し倒れは絶対に避けたいことですから、真剣です。

ぜひ銀行を利用してください。

借入しないから会社は潰れる

「借りた金を返せなかったら会社が潰れる」と考える方が多いですが、むしろ逆です。

潰れるのは手元資金がなくなるからです。

借入があろうとなかろうと、手元資金がなくなれば事業は終了です。

これが本質。

借入の有無は関係ありません。

借入をしても手を付けず、そのまま返済だけしていれば、最終的なマイナスは金利分だけです。

むしろ銀行は、返済猶予をお願いすれば、了承してくれることがほとんどです。

その場合は、むしろ借りておいた方が、倒産までの時間を稼ぐことができます。

「黒字倒産」はなぜ起こるのか？　会社が儲かっていても、入金まで日数がかかる結果、資金繰りが行き詰まるからです。

黒字倒産は、手元資金さえあれば防げることです。

手元資金はどうすれば確保できるか？　借入です。「無借金が会社を潰す」と、断言します。

最近の倒産の主な原因は、融資の返済に行き詰まるのではなく、手形事故（支払手形の不履行）です。

地獄への片道切符、手形も手元資金があれば乗り切れる

私がこれほどまで「借りてでも現金を持ってください」とお伝えしているのは、「手元資金があれば手形事故を防げる」からです。

手形は、本当に危険な道具です。絶対に使わないことを強くお勧めします。

手形事故は、「銀行取引停止処分」という、企業にとって最も重い罰を課せられるものです。これほどにも重い罰則は、他にありません。

「最近の倒産の主な原因は手形事故」とお伝えしましたが、逆に言えば手形ゼロ＝倒産確率ゼロと断言します。

私のお客様には、手形帳を捨ててもらっています。

手形のリスクは融資を受けて手元資金を厚くしておけば、カバーすることができます。

手形事故がよく起こるのが、実は年末です。多くの会社は12月28日頃に仕事納めするのに対し、銀行は一般的に30日まで営業します。

会社が休みの期間も銀行が稼働した結果、元請けからお金が入ってこなかったために、手形が落ちないことがあるのです。

おめでたい年始に、会社が倒産の報告を受ける、そのような笑えない事態が、本当に起こり得ます。そして、年末年始に何か起きないかと心配で、おちおち休めない経営者も数多くいます。

「こんなに穏やかな年末年始を迎えられたことは、今まで初めてです」

ある経営者に、涙ながらに言われました。私がアドバイスをさせていただき、銀行から融資を受けて手元資金を厚くして、手形払いをやめたからです。

融資を受けて厚くしてある手元資金さえあれば、地獄への片道切符、手形のリスクを極限まで減らすことができます。世の経営者のみなさまには、その危険から離れていただきたいと思っています。

お金に強い社長の
裏ルール⑫

お金を借りられるのは、信用されているから。安心して堂々と借りる

13 銀行が横柄なのは「付き合い方を間違えている」から

銀行取引で、こんな間違いをしていませんか?

借入、銀行に対する新たな考えを得ていただいた上で、今度は銀行取引にまつわる都市伝説についてお伝えしたいと思います。

ご相談にお越しの方と話していると、銀行取引について間違った思い込みをされていることがよくあります。

良かれと思ってやったことが、逆効果なこともよくあります。

次ページの5つは、多くの会社で信じられている「カン違い」です。

銀行借入に関する
5つのカン違い

1 取引する銀行は1行に絞ることで、イザというとき味方になってくれる

→ 1行に絞ることで、
その銀行に切られたらゲームオーバー

2 決算書の借入残高が少ない方が融資を受けやすい

→ 銀行は「お金を借りている相手に貸したい」

3 中小企業は保証協会を付けないと借りられない

→ 保証協会抜きの融資は十分可能。
その方が好条件

4 借入を半分にすれば支払う金利は半分になる

→ 借入を半分にすれば金利は上がる

5 借入がなくてもある程度資金を回している銀行なら信用してくれる

→ 銀行は「融資している相手だけが客」

前ページの図では「本当はどうなのか?」を結論だけお伝えしました。

詳しくご説明したいと思います。

「借入」と「借金」は異なる

① 取引する銀行は1行に絞ることで、イザというときに味方になってくれる

「他に浮気せず、1つの銀行と蜜月の関係を……」

というのは、もう20年以上も前の、金融ビッグバン以前の話です。

時代は変わり、いまは評価のシステム上、銀行としても必要以上の肩入れができない仕組みになっています。

大切なのは複数の銀行とバランス良く付き合っていくことです。銀行の間で競争してもらうことで、有利な条件を引き出すことができます。

また、付き合っている銀行が1行しかないと、こちらの立場が弱くなります。

「もし貸してもらえなかったら……」と考えて銀行に都合の良い条件を呑んでしまうことも、起こりえます。

銀行と良い付き合いのできている会社は、そういうとき「条件が悪いからよそで借りるよ」で終わりです。具体的な交渉方法は後述します。

②決算書の借入残高が少ない方が融資を受けやすい

決算書に載っている借入残高が少ない方が良いのではないかと、決算直前に融資を返済しようとする方がいらっしゃいます。

これも「借金」と「借入」を混同していると起こる勘違いです。

いろいろな友人から大量の「借金」をしている人は、信用ならない感じがしますが、多くの銀行から多額の「借入」をしている会社は、銀行からすれば「非常に信用できる会社。ぜひ取引したい」なのです。

前述の通り、「借入可能額＝信用力」であり、銀行にとって「貸す」とは「商取引」であり、「借主」とは「取引先」です。

そのため、銀行にしてみれば「もっと取引を増やしたい（貸したい）」になります。

銀行は「お金を借りる必要のない会社に貸したい」

同じような誤りに「お金を持っていると融資を受けられない」もあります。

これも完全に逆です。銀行にとって「**お金がある＝貸しても必ず返してくれる。ぜひ貸したい**」なのです。

確かに新規取引の場合には、借入残高と売上高を見くらべることはあります。

しかし、既存取引行にとっては、30億円以内であれば借入残高の大小はあまり関係ありません。「借りるために今の借入金を急ぎ返す」は最悪の手です。元々の返済計画を無視していきなり返済することを銀行は忌み嫌います。約束違反な上、早く返される＝利息収入が減るからです。それに、急ぎ返済することで手元資金が減ってしまうのは、それを防ぐために借りているのに、本末転倒と言えます。

③中小企業は保証協会を付けないと借りられない

とくに従業員2～3人の会社の方が、こう思われている傾向があります。

銀行から融資を受ける際に、都道府県の保証協会に保証してもらって受ける融資を「保証協会付融資」と言います。


これに対し、保証協会の保証を受けない融資を「プロパー融資」と言います。

会社の信用度が低いうちは、保証協会の保証を受けないと銀行は融資をしてくれません。

しかし、継続的に利益を出し、会社の信用度が上がってきた場合には、保証協会の保証が不要なプロパー融資を受けることができるようになります。

プロパー融資の方が低金利など好条件です。

保証協会の保証なしで借りている中小企業はたくさんあります。

ある程度の利益を出していれば、保証協会の保証がなくても融資を受けることは可能です。

むしろ地域によっては銀行より保証協会の審査の方が厳しいこともあります。

これもまた後ほど説明しますが、実は保証協会を使うことによるデメリットはたくさんあります。

ですから、保証協会の保証を外す努力が必要なのです。

④借入を半分にすれば支払う金利は半分になる

銀行も効率を求めます。

利息については利率だけではなく、お客様1件から上がる「額」も重要な要素です。

銀行も融資をしたら、コストをかけて融資先を管理しなければなりません。

借入の大小にかかわらず、固定的にかかるコストもあります。

利息の額が小さすぎると、その管理コストを回収できず、赤字になってしまいます。

ですから、融資1件ごとに、「最低これぐらいは儲けさせてもらわないと無理」という数字がある訳です。

銀行融資も商取引ですから、スケールメリットがある方がコストは下がります。

このような理由から、メリットが小さくなると、それぞれのコストはアップ、利率も上げざるを得ないのです。

「コストを抑えるために有利子負債を減らそう」と考えて、手元資金を減らして融資を返済したら、利率が上がってしまい、それほど効果がなかった。

そんなことがないように注意しましょう。

⑤借入がなくてもある程度資金を回している銀行なら信用してくれる

普通預金口座を持っているくらいで、「銀行は我が社のことを見てくれている」などと思ってはいけません。

銀行は「融資をして、利息を払ってもらって、初めてお客様として認識する」のです。

かなりの額の預金があったのに融資を受けられなかった会社の例を、過去にいくつも見てきました。

「お金が足りなくなったら借りよう」と、悠長に構えていてはいけないのです。

借りたいときに借りるためには、コストをかけて、つまり、金利を払い、銀行に注意を向けてもらえるよう、仕向けておかなければなりません。

あの財政豊かな「東京都」でさえも、銀行から極々少額の融資を受けています。それは、銀行融資を必要とする日がいつ来るか分からないからです。ものを言うのは、日頃の付き合いです。

お金に強い社長の**裏ルール⑬**

「銀行を動かすツボ」を押さえよ

14 目指すは「無借金経営」ではなく「実質無借金」

無借金経営を目指すなら超えるべきハードル

「無借金経営」についてもっと理解を深めていただきたいと思います。

私も「理想の経営は無借金経営」だと思っています。

ただし、１つ条件があります。

それは、**「手元資金が月商の３カ月分確保できているなら」**です。

手元資金が十分に確保できているのであれば、無理に借入をする必要はありません。

逆に、手元資金が月商の３カ月分に満たないのであれば、借りてでも手元資金に余裕を持っておいていただきたいのです。

借入を返済してまで手元資金を減らしてはいけません。
また、実質無借金になるまで、手元資金を減らす節税は控えるべきです。

「実質無借金」に銀行は喜んで貸す

前述の通り、いくら預けていても借入がなければ、銀行はお客様と認識しません。
「借入は信用」これについても、もう少し説明します。
銀行は「お金を貸している相手」を信用します。
「借入なし」で預金が3000万円ある会社よ

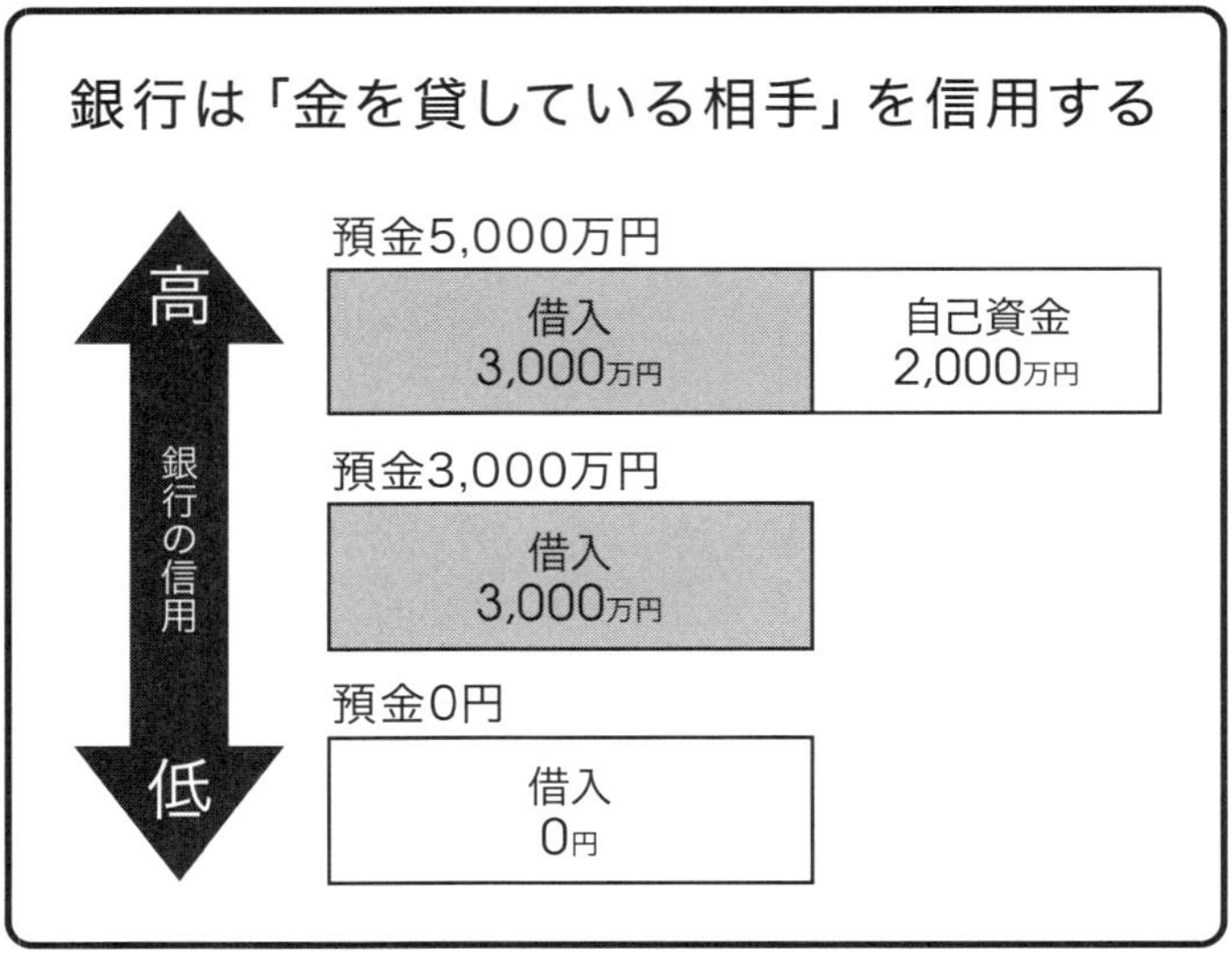

り、３０００万円借りて預金が５０００万円のところを、銀行は信用します。

極論すると、「借入なし」で預金ゼロより、「３０００万円を借りて預金３０００万円」の方が、銀行からは信頼されるのです。

「信用、信頼」に対する考えが、銀行と一般人のそれとは異なるかもしれません。

そして「預金≧借入額」の状態を「実質無借金」と言い、銀行は実質無借金の会社を高く評価します。


さらに、手元資金に余裕がある方が気持ちに余裕が生まれ、投資に対しても冷静な判断ができますから、借入をして投資を行なった方が良い結果が出る可能性が高くなります。

現実的なことを考えると、この形が理想です。

お金に強い社長の裏ルール⑭

かなりハードルの高い無借金経営よりも、「実質無借金経営」を目指す

第4章

手元資金を増やすのは、節税ではなく銀行融資

15 銀行は「救済機関」ではない！

「雨の日に傘を取り上げる」銀行の理屈とは？

繰り返しになりますが、手元資金を厚くするためには銀行からお金を借りるしかありません。この章では、そのための具体的な方法を説明していきます。

「手練手管《てれんてくだ》や話術を駆使しないといけないのか」と思われるかもしれませんが、なくても充分に可能です。交渉してより良い条件を引き出す方法は第5章で説明しますが、まずは銀行に「充分貸していい」と判断されるためのポイントをお伝えします。

そのために必要なのは「勝つ」より「負けない」こと。銀行にとってアウトなポイントをなくすことです。

「銀行とは何か」を間違えている経営者が多い、というよりもほとんどです。

銀行はよく「晴れの日に傘を貸し、雨の日に取り上げる」と言われます。そのような姿勢に「何のための銀行なんだ！」と怒る経営者も多くいます。

怒る経営者が勘違いしているのが、銀行を中小企業の救済機関か何かと思っていることです。銀行は政府の管理下にありますが、決して救済機関ではありません。本質は「金貸し」という商売です。

金貸しだからこそ、貸したいのは利子を込みで必ず返してくれる相手です。経営の苦しい企業を助けようという気持ちなど、さらさらありません。「銀行が冷たい」と怒っても意味がない、むしろ銀行の本質を考えるとお門違いです。

銀行はそういうものなのだから、付き合いはもっとドライで構いません。双方にメリットがあるから取引する、それ以上でもそれ以下でもないのです。

「銀行が貸してくれないと経営が大変だから」と、銀行に対し下手に出る必要はありません。むしろそのような姿勢だからうまくいかないのです。

そもそもの考え方を変え、付き合い方も変えましょう。

銀行と交渉しようとする前に、まずは自分の会社が銀行からどう見られているのかを知っておく必要があります。

そこを見誤ると……

・払わなくても良い金利を払うことになる
・「借りてください！」と言われて安心していたのに、いきなり態度が急変して焦る

ということになりかねません。

逆に、銀行からの評価を分かっていれば、攻めるべきときに攻め、引くべきときに引くことができますから、会社も安全になり、また、銀行とも良好な関係を築くことができるようになります。

銀行の評価を知る3つのステップ

まずは、お手元に前期の決算書をご用意ください。

［ステップ1］

損益計算書の最終行の「当期純利益」、ここはプラスになっていますか？

プラスになっているようなら、強気に出られる可能性が高いです。［ステップ2］に進んでください。

マイナスであれば、強気に出てはいけません。来期の決算後に期待しましょう。

［ステップ2］

貸借対照表の右下の「純資産の部計」、ここはプラスになっていますか？

プラスになっているようなら強気に出て大丈夫です。どれほど強気に出て良いかを見極めるため、［ステップ3］に進んでください。

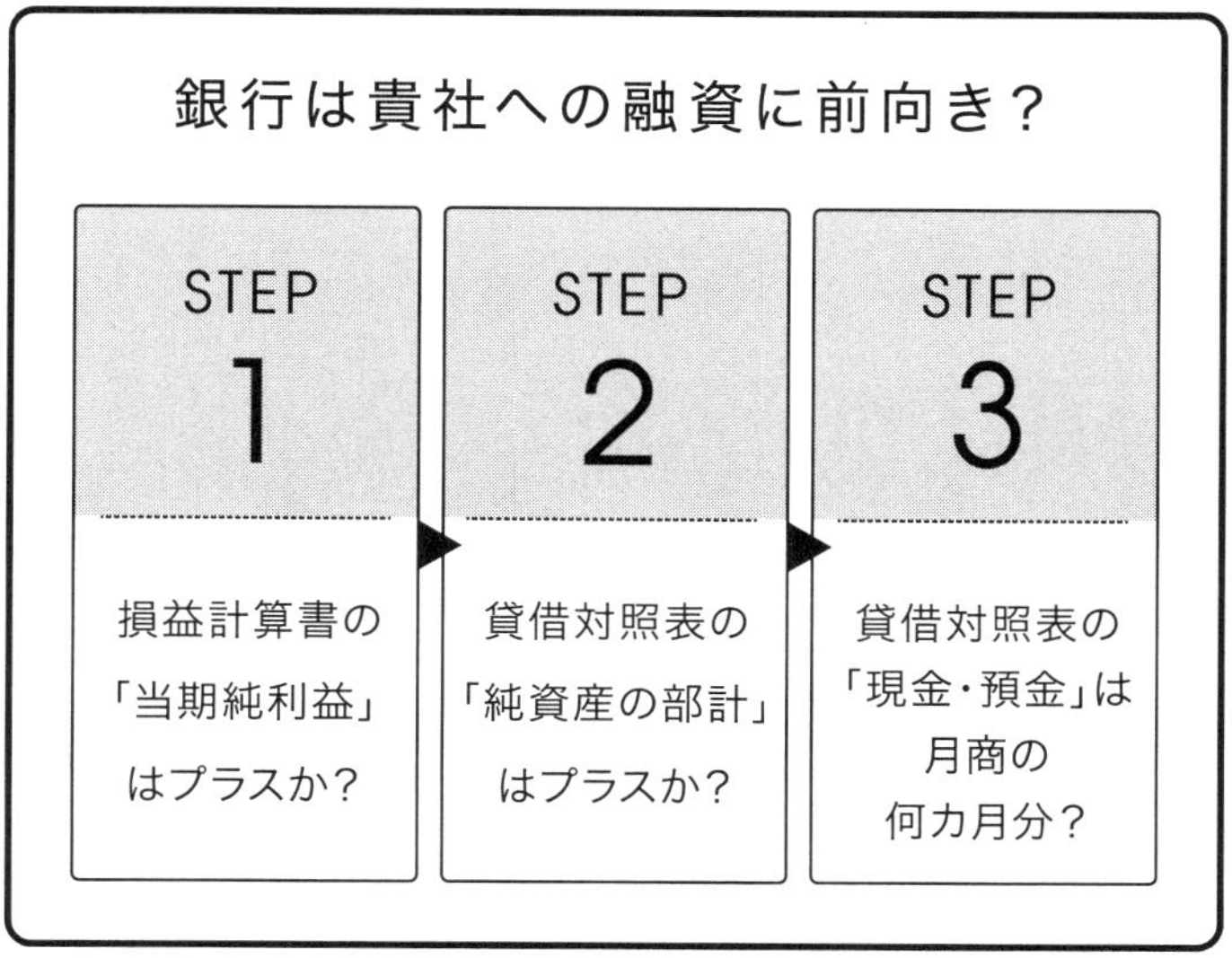
銀行は貴社への融資に前向き？
STEP 1
損益計算書の「当期純利益」はプラスか？
STEP 2
貸借対照表の「純資産の部計」はプラスか？
STEP 3
貸借対照表の「現金・預金」は月商の何カ月分？

マイナスであれば、強気に出てはいけません。銀行がいつ撤退したいと言い出してもおかしくない状況です。プラスになるまでじっと利益を出し続け、我慢の交渉をしましょう。

［ステップ3］
貸借対照表の左上の「現金・預金」の金額は月商の何カ月分ありますか？
レベル1　月商1カ月分……自信を持っていきましょう。
レベル2　月商2カ月分……かなり強気でいきましょう！
レベル3　月商3カ月分……もう勝敗は完全にこちらの手中にあります。

いかがですか？
なんといっても大切なのは、ステップ1の当期純利益、ここがプラスかマイナスかです。
「うちは中小企業なんだから、多少の赤字、マイナスもしかたない、銀行だって大目に見てくれる」

という甘い考えが通ると思っている経営者は意外と多いものです。

しかし、現実は違います。

黒字と赤字では、交渉の成果に天と地ほどの差が生まれます。

目指すはとにかく黒字です。


逆に、ステップ３のレベル２以上にいるのに、保証協会の保証がないと融資してもらえないと思い込んでいたり、必要以上の担保を取られていたりする会社も見受けます。

これも非常にもったいない話です。

ご自身の会社の状況をよく見極めて、適切な態度で交渉することが肝心です。


銀行交渉で強気に出て良いか、そうでないかの判定のポイントは、

- **直近期で赤字になっていないこと**
- **手元資金をきちんと確保していること**

の2点です。

ここを押さえておけば、銀行と良好な関係を構築することができます。

やめよう、1行取引

ここで銀行対策で最も大切なことをお話しします。

銀行対策というと、どうしても、

・事業計画を作る
・利益を出す
・借入を減らす

といったことを思い浮かべると思います。

本当にそうでしょうか?

実は銀行によって、同じ銀行でも担当者や支店長によって評価するポイントが異なります。

それこそ「本当に同じ銀行か？」と思うくらいに。

「利益」「技術力」「将来性」「返済実績」「主要取引先」「保有資産」「返済原資」「年商」「担保」「業界動向」「取引銀行」「手元資金」「社長の性格」「係数管理能力」などなど、銀行にはさまざまな融資先の評価ポイントがあります。銀行や支店長、担当者がどこを評価してくれるかはまったく分かりません。

同じ業績でも銀行や支店長によって評価が異なるのです。

これは、何年やっていても、私にもまったく読めません。

私の目からは

「この業績ではちょっと難しいんじゃないかな……」

と思った決算書でも、結果を見たら、

「予想外に評価が高かった」

ということも何度もありました。

また、銀行から難癖をつけられていて、自分の会社にまったく自信を持てず、資金調達がうまくいっていなかった会社が、となりの銀行をノックした途端に、それまでとは真逆で高く評価され、資金繰りが劇的に改善したことも、これまで何度もありました。

つまり、**最も大切なのは、「どう」銀行と付き合うかではなく、「どの」銀行と付き合うか**です。

「どうも銀行からの評価が低い」と思われている方、必ずしもみなさんの会社に問題があるとは限りません。

近くにある別の銀行をノックしてみてはいかがでしょうか?

お金に強い社長の裏ルール⑮

1行取引をやめ借りるべき銀行を選ぶ

16 自然に「銀行に有利な環境」を作ってしまっている

銀行からの評価がすぐに分かるチェックリスト

となりの銀行の扉をノックするだけで、新たな結果が出るかもしれない。

ただし、ノックのしかたにも極めて重要なポイントがあります。

このポイントを外すと、相手にされないばかりか、逆効果ということも考えられます。

これは後ほどご説明いたします。

まずは「みなさんの会社が、銀行からどう思われているのか？」についてお伝えしたいと思います。

先ほどは、「その銀行に好かれてないなら、他の銀行を当たりましょう」という話をしました。

そもそも、好かれているのか、そうでないのかが分からなければ、動きようがありません。

みなさんの会社に来る銀行員の態度「これって当たり前？」をチェックする必要があります。

次ページのチェックリストを使って、チェックしてみてください。

いかがでしょうか？「銀行員って融資先にはこんな感じじゃないの？」と思われた方もいらっしゃるかもしれませんが、銀行員がこれの逆のような、懇切丁寧な対応をしている企業もたくさんあります。

融資金額の大きな大企業でなくても、そのような高待遇の会社は、いくらでもあります。

なぜ、銀行員が貴社にはこういう態度を取るような事態に陥ってしまうのか？

実はそれよりも、「なぜこういう事態に気がつかなかったのか？」の方が重要です。


それはズバリ、取引銀行が少ないから！

銀行からの評価がすぐに分かる
チェックリスト

【こういう銀行は貴社への融資に後ろ向き】

- □ 金利が２％を超えている
- □ 担当者は呼ばなければ来てくれない
- □ 「支店長（あるいは保証協会）がＯＫしないと思います」と、担当者の予想ベースで断られる
- □ 一度も上司（課長・部長・支店長）を連れてきてくれたことがない
- □ 企業の将来像や経営者の方針に興味を持ってくれない
- □ 他行の動向を尋ねられたことがない
- □ 午後５時を過ぎると会ってくれない、来てくれない
- □ 担当者がドタキャンをする
- □ 決算書のあら探しをされ、無理難題を吹っかけられる
- □ 保証協会付の融資しか勧められたことがない

チェックの数が

【　０個　】何も問題ありません。

【１個～３個】やや貴社の融資に後ろ向きです。

【４個～８個】完全に貴社に対して後ろ向きです。

【９個～10個】現状の融資すら返してもらいたいと思っている可能性があります。

そこそこ利益を出しているのに、先述のような状態にあったとするならば、いまの貴社は、

・相場より不利な条件を押し付けられても気づかない
・融資失敗の原因が自社にあるのか、銀行にあるのか判断がつかない
・いざというとき銀行にそっぽを向かれても頼る相手がいない

という状態の可能性があります。

他の銀行を当たってみてください。複数の銀行とお付き合いして、銀行とは適度な緊張関係を持っている必要があるのです。

「それは浮気をするようで後ろめたい」と思われる方。

中小企業庁によると、取引銀行が1行しかない会社は16・1%、6社に1社しかありません。

逆に、当社にご相談にお越しの方の80%が1行取引です。

どうか、取り返しがつかなくなる前に実行に移してください。

「他に銀行がない」という方。

確かに地域によってはそういう状況も考えられます。

多額の資金調達が必要であるなら、そもそも銀行の多い場所で事業を行なう必要があるのです。

銀行の多い地域に支店を開設することはできないか、検討してみてください。

難しいかもしれませんが、本社の移転がベストです。

「銀行を選ぶ」これはそのくらい大切なことなのです。

「書類上」でも構いません。良い支店の営業エリアに拠点を登記するだけでも有効です。

泣きつくのは絶対NG！

現在付き合っている銀行との関係が良好だとしても、状況はすぐに変わります。

たとえば銀行が「中小企業への融資を引き締める」と方針を変えたら、それまで通っていた話は一気に通らなくなります。

また、「支店長の交代」も、ものすごく大きな要因です。

融資に前向きな支店長から、慎重な後任に代わったら、態度はガラリと変わります。

たとえば、支店長が「製造業への融資を重視するタイプ」なら、製造業は借りやすくなっても他の業種には渋くなるかもしれません。

私のところにも「銀行の態度が後ろ向きになってしまったのですが、どうしたら良いでしょうか？」というご相談をよくいただきます。

大切なのは、融資に前向きな銀行からはどんどん借り、付き合っているところから後ろ向きの雰囲気を感じたら、無理をせず、

「おたくから借りなくても他から借りられるよ」という態度で臨むことです。

泣きつくのは銀行からのマイナスイメージを膨らませるだけです。

そうならないためにも、**「複数の金融機関と付き合い、適度な緊張関係を保つ」**ことを心掛けていただきたいのです。

お金に強い社長の
裏ルール⑯

銀行は戦略的に選ぶ

17 中小企業が付き合うべき銀行はどこか

「銀行」といっても全然違う

複数の金融機関をどう選んでお付き合いするのが良いか、について説明したいと思います。
まずは、金融機関の種類と特徴について見てみましょう。

金融機関を大きく分けると、

・民間金融機関
・政府系金融機関

金融機関の種類とその性質

1
都市銀行
（みずほ銀行、三菱UFJ銀行、三井住友銀行など）

金利は低いが中小企業への融資に後ろ向き

2
地方銀行

中小企業への融資に前向き、金利や返済条件も柔軟

3
信用金庫、信用組合

小回りが利き、条件も柔軟な一方で金利は高め

4
政府系金融機関
（日本公庫、商工中金）

審査が速い、金利が低い、赤字でも貸してくれる、社長個人の信用が問われるなどさまざま

の２つになります。
民間金融機関についてはさらに、

・メガバンク
・地方銀行／第二地方銀行
・信用金庫／信用組合

といった分類ができます。
民間金融機関から順に説明します。

①都市銀行（以下、都市銀）

みずほ銀行、三菱ＵＦＪ銀行、三井住友銀行、りそな銀行、埼玉りそな銀行の5行です。

「メガバンク」「大手」など似たような感じで、若干括りが異なるカテゴリ分けも存在しますが、本書ではこの5行を「都市銀」と定義します。

都市銀が中小企業と取引しているのは、ズバリ！

「金融庁から言われている（いた）から」

です。


本音では、中小企業に融資したいとはあまり思っていません。

彼らの主戦場はもはや世界です。日本のように利ざやの低い地域、ましてや、ハイリスク、ローリターンの中小企業に融資する意味はありません。

なので、付き合いはドライ、中小企業とは「付き合わない理由を探している」と言ってもいいくらいです。


中小企業でも「都市銀と付き合っている」と見栄を張りたいがために取引をしていることがありますが、取引に前向きでない都市銀と付き合う、ましてや、メインバンクに据えるのはリスクが高すぎると言えます。

また、開業したばかりの中小企業の場合、普通預金の開設にさえ1～2週間程度の稟議が必要となります。

こちらが思っているより敷居の高い金融機関と言えます。

ただし、海外進出を狙う企業にとっては、頼りになる存在です。

国によって得手不得手はありますが、とくに三菱ＵＦＪ銀行は海外ネットワークが充実しています。

海外への送金などは着金確認など、いろいろな面で面倒ですから、海外進出を計画されている方は、中小企業であっても、取引があった方が心強いと思います。

②地方銀行、第二地方銀行（以下、地銀）

ざっくりと定義すると、地域の名前の付いた銀行です。

地方銀行と第二地方銀行の違いについては実務の上では意識する必要はまったくありません。

「地方銀行」という名前は付いていますが、営業範囲も広く、銀行の規模もさまざまです。

借入総額が３０００万円を超えているのであれば、メイン銀行は地方銀行または第二地方

銀行に据えた方が良いでしょう。

地域経済への融資を主要業務とする銀行ですから、都市銀よりも親身になってくれることが多い傾向です。

初回取引や取引額が小さい間は、保証協会付の融資になりますが、条件がそろえば、保証協会の保証を外したプロパー融資、さらには代表者の保証も不要という取引も可能です。

金利や返済条件など、他とくらべると最も柔軟な金融機関と言って良いでしょう。

③信用金庫／信用組合（以下信金、信組）

民間金融機関の中では最も規模の小さな金融機関になります。

法令で営業地域や資金の運用について制限が定められており、中小企業と個人への融資に特化しています。

小回りが利きますが、例外はあるものの、１０００万円以下の保証協会付融資が中心となります。

また、金利も地方銀行などにくらべると若干高めとなります（一部、大型の信金については地銀とくらべても遜色のない融資額、金利を提示します)。

④政府系金融機関

中小企業に関係するのは、

・日本政策金融公庫（以下、日本公庫）
・商工組合中央金庫（以下、商工中金）

の2つです。

日本公庫は、

・国民生活金融公庫
・農林漁業金融公庫
・中小企業金融公庫

が2008年に統合された金融機関です。

統合されたとはいえ、各機関はそれぞれ、

- 国民生活事業（以下、国金）
- 農林水産事業（以下、農林公庫）
- 中小企業事業（以下、中小公庫）

として独立運営しています。

中小企業に最も身近なのは国金です。

- 融資判断がスピーディー
- 新規開業資金に強い
- 税理士／商工会議所との連携

という特徴があり、３００万円から１０００万円程度の融資を得意としています。

小口ですが、とにかく審査が速いです。最短で決裁が翌日に下りたこともあります。

また、新規開業資金については、民間金融機関で保証協会付融資という選択肢もありますが、やはり、慣れているのは国金の方でしょう。

税理士会を通じて、税理士とは親密な交流を図っていますので、税理士次第で融資がスムーズにいくこともあります。

赤字でも貸してくれる!?　ありがたい金融機関

さらに、商工会議所の指導を受けるという条件での小規模事業者経営改善資金（マル経融資）は、商工会議所の指導員と関係構築ができている場合には、赤字でも融資を受けることができる（場合が多い）貴重な制度です。

農林公庫は、農林水産事業者に特化しています。

農業振興施策に強く、最近では民間金融機関と提携し、農林水産事業者に農機具などの購入資金などを低利（場合によっては無利息）で融資します。

中小公庫は、融資額が大きく、３０００万円から1億円程度の融資を最も得意とする金融機関です。

国金とくらべて、融資額が大きいことに加えて、支店数も少ないので、売上高10億円以上の製造業以外では、取引されている会社をあまり見ません。

しかし、製造業に強く、利率の非常に低い融資もあるので、ある程度の規模での借入が必要である場合には、取引されることを是非お勧めします。

一番低い利率で年利０・２％という融資を受けたお客様もいます。

各種助成金などの施策に絡めると非常に低利となりますし、中小公庫はそういう情報に詳しいので、こちらが知らない制度をお勧めしてくれることがあります。

また、工場抵当法に基づき、工場や機械に抵当権を設定する融資にも慣れていますから、設備投資型の製造業者は取引しておく方が良いと言えます。

ただし、条件が良い分、「本当に融資していいか?」の審査に時間がかかるのも特徴と言えます。

また、日本公庫の各事業部に共通して、「保証協会の保証を付けることがない」という特徴があります。

保証協会からＮＯが出てしまった企業も、ダメもとでチャレンジしてみるべき対象です。

ただし、気を付けなければならないもう1つの特徴があります。

「金利が制度で定められていて、交渉できない」というものです。

民間の銀行と同じ感覚で、「金利はもっと安くならないの?」とお願いしてもどうにもなりません。こういうものだ、と、理解しましょう。

最後に、商工中金は中小公庫に近い、大型・低利の融資を扱っています。

政府系ではありますが、過半数以上民間の出資が入っており、日本公庫よりは民間に近い位置づけです。

中小公庫との違いは、場合によっては保証協会の保証を求められるところです。

商工中金は最も粉飾にうるさいことで有名です。

「商工中金と取引があるなら粉飾はないですね」と、民間の金融機関担当者が口にするほどです。

そういう意味で、お付き合いする価値があります。

お金に強い社長の
裏ルール⑰
銀行の強み・弱みを理解し、うまく利用しよう

18 複数の金融機関をどう組み合わせるか？

融資総額から付き合う銀行と額を決めていく

ここまで、金融機関をひと通り見てきました。

金融機関の特徴から、貴社が付き合うべき銀行が見えてきたのではないでしょうか？

ここからいよいよ、これらの銀行をどう組み合わせて取引をしていけば良いかを見ていきたいと思います。

①融資総額３０００万円まで

地銀（第二地銀）＋信金（信組）＋国金

となります。

取引銀行が少ないうちは、地銀同士、または、信金同士という組み合わせだと、他の銀行から借りる理由を説明しにくくなります。

地銀 ＋ 信金

であれば、融資規模などが違うので、たとえば、信金としか付き合いがなければ、「もっと大きな融資が必要になるかもしれないから」という理由で地銀と付き合えば良いですし、逆の場合には、「小回りが利く金融機関とも付き合っておきたい」と言えば、大義名分が立ちます。

既存の取引先銀行にも、他行との取引を始める理由があった方が良い訳です。

初めての借入ならばここ

また、お金を借りたことのない会社は、初めての借入は国金からがお勧めです。

日本公庫は「預金」を持ちません。

ですから、借りたお金はどこかの金融機関に預け入れして、そこから返済する必要がある訳です。

「複数の金融機関と付き合っておいた方が良い」とは分かっていても、「いまの担当者もいい人だし、他の金融機関と取引する理由を言い出しにくい」と考えてしまうものです。

しかし、国金には預金がありませんから、預入・返済をしている金融機関と融資の話をしやすい状況を自然と作れる訳です。

まとめるとこうなります。

［ステップ１］国金

これで５００〜１０００万円まで確保できます。

←

［ステップ２］信金＋国金

これで１０００〜２０００万円まで確保できます。

←

［ステップ３］地銀＋信金＋国金

これで３０００万円まで確保できます。

②融資総額3000万円超

地銀（第二地銀）×ｎ（ｎは銀行数）＋中小公庫（＋信金）

という組み合わせになります。

ｎ（取引銀行数）は借入が3000万円増えるごとに1つずつ増えるイメージです。後ほど詳しく説明します。

こう書くと、取引銀行数を増やせばいくらでも借りられるように思えるかもしれませんが、業績が悪化して、返済を待ってもらう交渉をせねばならない状況を考えておかなければならないので、多くとも10行ぐらいで抑えておきたいところです。

具体的な金額で言うと、たとえば、総計1億円の融資を必要とするならば、地銀の大型支店から5000万円、別の地方銀行から3000万円、信金と国金からそれぞれ1000万円というような組み合わせになろうかと思います。

融資総額3000万円超の場合の組み合わせのコツは、地域でライバル同士の銀行を組み合わせることです。

地銀には、お互いにライバル意識を持っている存在があることが多いものです。

これを組み合わせることで、お互いに「あそこには負けられない」となりますので、交渉がかなり楽になります。

ここで注意しておきたいのは、どんな規模になっても、必ず「日本公庫」を組み合わせの中に入れておいていただきたいという点です。

民間金融機関は、どうしても会社の成績が悪くなると融資姿勢が後退します。

返済を迫られることは少ないかもしれませんが、融資の見合わせはよくあることです。

それに対して、日本公庫は「返済実績」を非常に重視しますので、赤字になっても借りられる可能性が高いのです。

少なくとも、取引の途中で返済を求められる「貸し剥し」はありません。

銀行取引に慣れてきて、低金利の融資が受けられるようになると、とくに国金は利率が高く感じられることが多いようです。

しかし、企業の業績というのは、良いときもあれば悪いときも必ずあるものです。

そんなときに備えていただきたいのです。

「よそ者」が緊張感を与える

銀行選びに、ぜひ1つ入れたいところがあります。組み合わせの中に、ある銀行を入れるだけで効果が表われます。

それは、他県に本店を置く地銀、いわゆる「県外地銀の支店」です。

みなさんの会社がA県にあるとするならば、B県に本店のある「B銀行」の支店が近くにないでしょうか?

県外地銀は、エリア外に打って出ているので、ここに配属される支店長はタフです。

さらに、地元の金融機関とくらべて信用がありませんから、それを補って余りある条件提示を武器にしています。

県外支店は金利、担保、融資期間などについて、地元の金融機関より良い条件が出やすい

のです。

こういった理由から、この県外地銀を組み合わせの中に入れることで、組み合わせの中にいる地元の金融機関にも良い緊張関係が生まれて、結果的に、全体の条件が改善するという好循環が生まれます。

同じように切り込み隊長役を担う支店として、新規出店の支店があります。

また、統廃合が噂されている銀行や統廃合直後の銀行も融資に積極的なので、ぜひ活用してください。

非常に簡単で強力な手段ですから、試してみてください。

お金に強い社長の
裏ルール⑱

ライバル銀行や県外支店を組み合わせる

19 新規取引銀行の増やし方

窓口に行ってはいけない

金融機関の特徴と組み合わせ方について見てきましたが、そもそも取引する金融機関の増やし方が分からなかったら意味がありません。

アプローチを間違えると、取引できるはずであった銀行との取引ができなくなってしまうので、注意が必要です。

「口座を持っている」だけは銀行の扱いは「取引なし」。客と思われていません。

「えっ！　そんなの簡単でしょ？　近くの銀行に行ってカウンターで申し込めばいいんじゃないの？」

と、思われるかもしれませんが違います。

銀行は何のつてもないのに声をかけてくる人を警戒します。「うちに借りたいと言ってくるのは、いま取引している銀行から断られたからでは？」と考えるからです。

ですから、何のつてもない人がカウンターに現われても（表面上は温かく迎えられると思いますが）冷たくあしらわれてしまうのです。

つまり、新規の取引銀行を会社主導で増やすのは困難ということです。

ではどうすれば良いのかというと、方法は2つあります。

1つはその銀行と親しく付き合っている人から紹介を受ける。

もう1つは、銀行の方からこちらに来てくれるように仕向ける、というものです。

本章では、前者についてお伝えしたいと思います。

考えられるルートは2通りです。

まずは金回りの良さそうな知り合いの社長に、どこか銀行を紹介してくれないか頼んでみてください。

銀行も大口の優良顧客の口利きだと邪険にできません。

できれば、紹介先の支店がみなさんの会社から近い方が良いでしょう。

紹介を受けても支店のテリトリー内でないと、その支店長から別の支店長の紹介を受ける形、つまり、紹介の紹介ということになってしまいます。

そうなるとほとんど知らない人ですから、せっかくの紹介でも効果は半減してしまいます。

紹介先の支店が融資に積極的か分からないか

新規取引銀行を増やす2つの方法

1. **知り合いの社長**に紹介してもらう
2. **会計事務所、商工会議所**に紹介してもらう

銀行の窓口に行くのは
自殺行為！

らです。

もう1つのルートは、会計事務所と商工会議所です。

この2つも金融機関とのつながりは密です。

ところで、私もたびたびご相談に来られた方から、「銀行を紹介してほしい」というご依頼をいただくのですが、いくら私がたくさんの銀行担当者を知っていても意味がありません。

銀行の立場からすると「顧問先」を紹介してくれてこそ意味があるからです。

「知っている人だから紹介する」を、銀行は紹介とみなしません。

会計事務所との親密度合いや、決算書の精度などが重要な判断要素となっているからです。

あくまでも、顧問である会計事務所から紹介を受けることが重要です。

なお、知り合いの社長や会計事務所からの紹介であっても、銀行はまだ「銀行を増やすとは、経営が危ないのか？」と疑ってかかることがあります。

そんなときは「会計事務所に複数の金融機関と付き合っておくように言われた」と、私たち会計事務所のせいにしていただければ納得してもらえるかと思います。

新規の銀行と最初にすべき取引は？

次に、銀行が初回取引でも取り組みやすいのは、保証協会付の融資と手形割引です。どちらも銀行にとってローリスクだからです。

保証協会の枠や大手企業の手形割引などを、銀行との初回取引用として活用することをお勧めします。

なお、**多少金利などの条件が悪くても、初回だけは「お付き合いを始めるため」と、割り切ることが重要**です。

取引のないたくさんの銀行から「融資させてください！」と言われているのでなければ、保証協会付であろうと、多少金利が高かろうと、多少返済期間が短かろうと、取引銀行を増やすためと割り切って、取引を始めることが大切です。

最後に、新しい取引銀行を見つけるために、最低限度、心掛けておいてほしいことを付け加えておきます。

第一に、銀行からの飛び込み営業や、営業電話を断らないでください。

飛び込み営業があっても「おととい来やがれ！」という勢いで追い返したりする方がいると伺ったことがあります。

向こうから付き合ってくださいと言っているのを無下に断る理由はありません。

逆に、社長は話をしたくても、受付担当がそう考えているかは分かりません。

あえて言っておかないと、受付の人はマンションのセールスマンでも銀行でも全部シャットアウトしているかもしれません。

確認してみてください。

第二に、取引が終わったり、まだ始まっていないなどの理由で借入がない銀行から決算書をくださいと言われたときは、快く差し上げてください。

「融資もないのにどうして？」あるいは「秘密が漏れるだけでは？」などと考えてはいけません。

少なくとも銀行は融資する気のないところに決算書を請求したりしません。

それに、普通であれば、金利というコストをかけないと見てくれない決算書をタダで見てくれるのですから、利用しない手はない訳です。

お金に強い社長の裏ルール⑲

銀行には「紹介」で「来てもらう」

20 「銀行が安心する数字」を見せれば、簡単に借りられる

銀行員は決算書のどこをはじめに見るか

銀行から借入をするために最も重要な資料が「決算書」です。経営者が決算書を銀行員に見せるときの気持ちは「学期末にもらってきた成績表を親に見せるときの気持ち」と似ています。

どんな評価を受けるか、そして銀行からお金を借りられるかどうか、ドキドキするものです。

ただ、決算書のどこが見られているのかが分かれば、手が打てますからそのドキドキも少しは解消されるのではないでしょうか？

既存の取引行か新規かで、見られるポイントが少し違います。

銀行員がパッと見る5点

損益計算書

- 売上高
- 当期純利益

貸借対照表

- 借入残高
- 現金及び預金
- 純資産合計

項目			金額	
経常損益の部	営業損益の部	売上高		○○○
		製造原価		○○○
		売上原価		○○○
		売上総利益		○○○
		販売費及び一般管理費		○○○
		営業利益		○○
	営業外損益の部	営業外収益	○○	
		営業外費用	○○	
		経常利益		○○
特別損益の部		特別利益	○○	
		〜		
		特別損失	○○	
		〜		
		税引前当期純利益		○○
		法人税、住民税及び事業税		○○
		法人税等調整額		○○
		当期純利益		○○

損益計算書

（資産の部）	
Ⅰ流動資産	
現金	
預金	×××
受取手形	×××
売掛金	×××
貸倒引当金	×××
棚卸資産	×××
有価証券	×××
貸付金	×××
前払費用	×××
未収収益	×××
Ⅱ固定資産	
有形固定資産	×××
無形固定資産	×××
Ⅲ繰延資産	×××
資産合計	20,000
（負債の部）	
Ⅰ流動負債	
支払手形	×××
買掛金	×××
短期借入金	×××
繰延税金負債	×××
前受収益	×××
未払費用	×××
Ⅱ固定負債	
長期借入金	×××
負債合計（B）	8,000
（純資産の部）	
Ⅰ株主資本	×××
Ⅱ評価・換算差額	×××
Ⅲ新株予約権	×××
純資産（C）	12,000
負債・純資産合計	20,000

貸借対照表

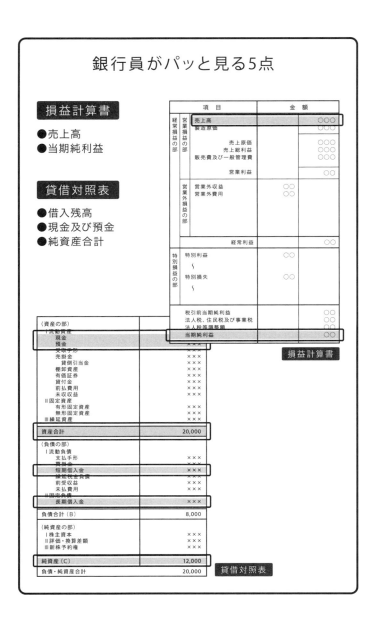

まずは、既存取引行から。

既存取引行では、銀行員はまずは損益計算書の最終値「当期純利益」を見ます。

いわゆる「利益」が出ているかどうか。ここを初めにチェックします。

利益が出ていれば、とりあえず「問題なし」。

「この会社に貸したら、自分の営業成績を伸ばせるな」

と、安心します。

逆に赤字だと、

「うっ、これは大丈夫か?」

と心配になります。

そして「赤字になった原因」を、まず決算書から探して経営者に確認していきます。

赤字になりそう、あるいは、赤字になってしまった場合の対応策については、後ほど説明したいと思います。

売上、利益とその増減をチェック

そして、次に「売上高」を見ます。

慣れた銀行員は前期の決算書を頭に入れていて、増減をチェックします。

そして、会社の状況変化について確認することになります。

銀行員が融資の稟議書を書く際の参考とするので、この部分はしっかりと説明できるようにしておきましょう。

既存取引行の場合、重要なのは「前期との差」なので、売上、利益がどのように変化しているか、そこを見て問題なければクリアと言えます。


続いて、初回取引の場合。

銀行はまず貸借対照表の右下「純資産合計」を確認します。ここが赤字になっている状態を「債務超過」といい、この場合には、融資は難しいと「即」判断します。


法人税を払いたくないから、あるいは、税務調査が嫌だからと節税をして赤字決算を組んでいると、融資絶対NGの決算書になっている可能性があるので注意が必要です。

続いて見るのが、損益計算書の「売上高」と「当期純利益」の2つ。この数字は、会社の状況を如実に表わしています。

そして、最後に貸借対照表の「現金及び預金」と「借入金」をチェックします。

この2つと合わせて「科目内訳書」もチェックします。

どこの銀行と取引があるかを確認するためです。

さらに、借入金が年商に対して過大でないか、預金が月商の何カ月分あるか、の2つを頭の中で計算します。

借入金が年商の半分を超えていると、「取引規模に対してすでに借りすぎ」と判断します。

その状態に加えて、預金が月商の1カ月分を切っていると、「資金繰りが厳しい可能性があるな」と考えます。

そうなると、「融資の話を積極的に進めるのは危険」となります。

「粉飾がないか」などの細かい点については、銀行に戻ってからゆっくりと決算書を見る際にチェックします。


根掘り葉掘りの粗探しをされる訳ではありませんので安心してください。

どこを見られるのか分かっていれば、そこの数字がおかしくないかチェックすれば良い訳で、ドキドキも半分に抑えられるのではないでしょうか?

決算を組むときの方針にも役立てていただければと思います。


最後に、役員に対する貸付金が決算書に載っているのは非常にまずい状態と言えます。

役員に貸すとは「あるとき払いの催促なし」と同じなので、基本的には不良債権とみなされてしまいます。

とくに保証協会がここを厳しくチェックします。

貸付がある場合には、毎年減っているかを厳しくチェックされます。きちんと契約書と返済予定表を作り、できれば返済実績もあった方が良いでしょう。

または、これらを解消するために、役員の個人資産、たとえば車や不動産を会社に売却するという手段もあります。しかし、ローンが残っており、担保設定されている場合には、名義を変えるのは基本的に無理なので、打つ手は限られてしまいます。

ただし、隠し手段もあります。役員貸付金を保険積立金に変えるプランです。

かつては一般的で、最近行われることは少なくなりましたが、現在でも限られた生命保険会社とローン会社だけがこのスキームを扱っています。個人でローンを組んで一時払いの積立型生命保険に入り、この契約を法人が持っている個人への貸付金と交換する形です。

結局個人としては、相手が自分の会社であるかローン会社であるかの違いがあるだけで、分割返済することには変わりありません。

しかし、会社の決算書上は、役員への貸付金ではなく保険の積立金と表示されるので、不良債権が一気に優良債権へと変身し、見栄えはまったく変わります。

融資の審査段階で必ずチェックの入る項目ですので、対策を検討してみてください。

お金に強い社長の裏ルール⑳
銀行員がまず見る5点を必ず整える

21 黒字は小さく、赤字は大きく

利益は「出し続ける」ことに意味がある

決算時の数字を整える上でポイントがあります。

ここを押さえておくことで、銀行からは優良企業と評価されます。

逆に、間違える、あるいは知らないと評価を落とし、借入条件が厳しくなります。

営業利益、経常利益が黒字であることは銀行と交渉する上で必要条件です。

しかし、利益を出し続けるのは大変なことです。景気動向やライバル企業の動向によって、受注や売上は大きく変動します。

難しいからこそ、利益を出し続けている企業は評価が上がるのです。

なにも、「気合いで利益を出せ」「投資は失敗しないものだけを見極めろ」といった精神論を語るつもりはありません。

もちろん、しっかりと利益を生み出すビジネススキームであることは前提中の前提です。

しかし、ビジネススキームがしっかりしていても、毎期毎期、利益を出し続けるのは至難の業です。それは私が言うまでもなく、みなさんが日々実感されていることでしょう。

そこで、決算書の利益の出し方の「心得」が重要になってくるのです。

それほど重要にもかかわらず、経営を続ける上で必須とも言えるこの心得をみなさんご存じなく、なりゆきで「今年は利益が出た」あるいは「今年は損失だった」となっています。

その心得とは……

- **利益は毎期、平均的に出せ**
- **赤字を2期続けるな**

というものです。

黒字は小さく、赤字は大きく

利益は大きくしすぎず、できるだけ毎期均等に

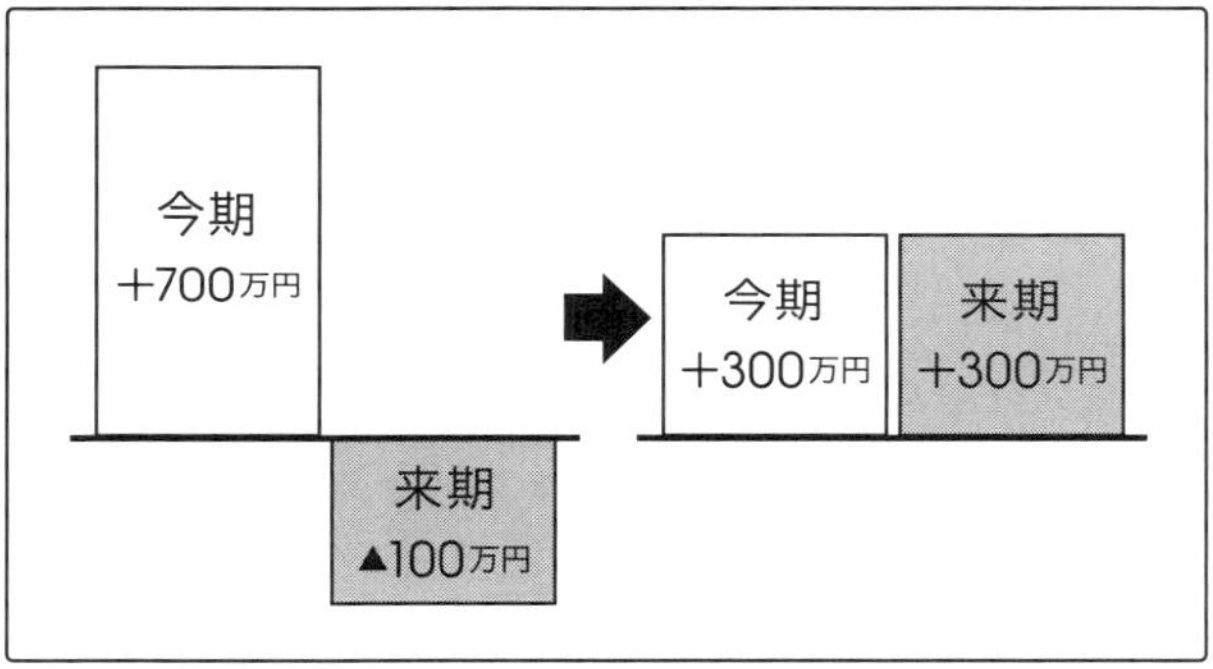

赤字は1期に集約し、翌期を黒字に

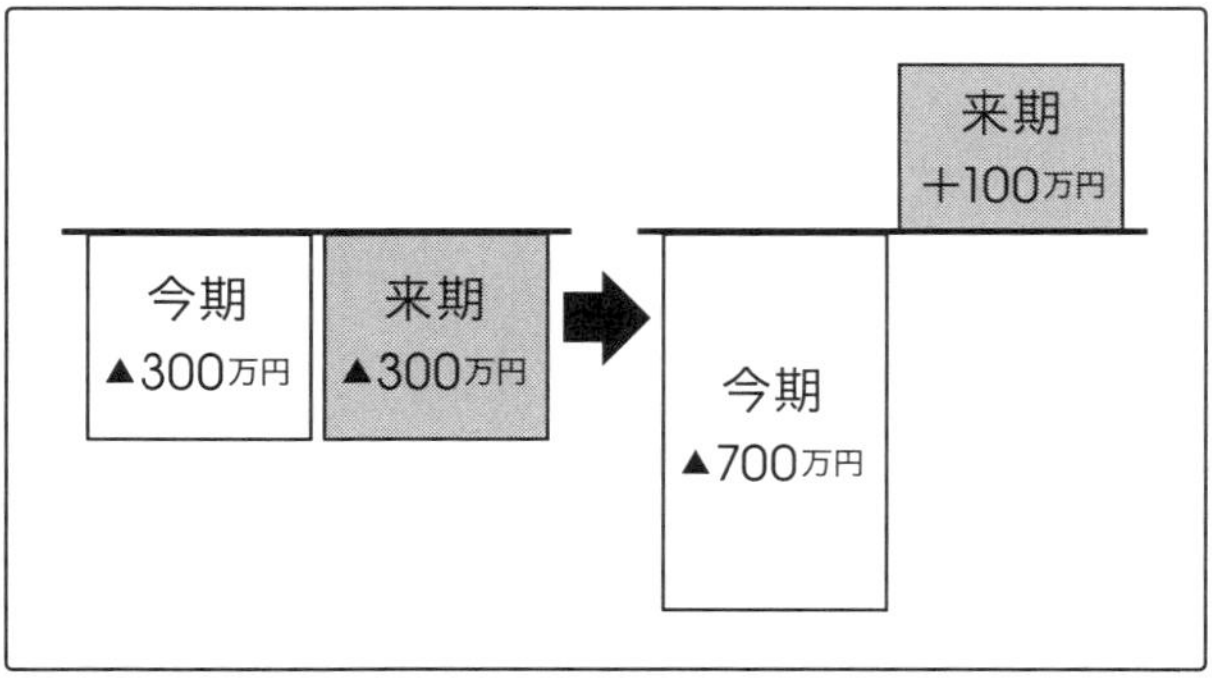

2期連続赤字は融資を受ける上で
大きなマイナスになるので避ける。

当期に大きな黒字を出せても、翌期に赤字になってしまえば銀行からの評価は下がります。銀行はたとえ1期でも赤字になると「このままずっと赤字が続くのでは？」と疑います。

ですから、利益が平均するように、期の途中で一定の利益が確保できたと確認できたら、翌期に回せる利益は翌期に回すように心がけましょう。

黒字は小さく、毎年均等に、赤字は大きく、1年に集約するのです。

たとえば、当期が７００万円の黒字で翌期が１００万円の赤字見込みである場合、できれば当期と翌期との利益を平均化して３００万円ずつの黒字になるように調整しましょう。

あるいは、当期が赤字で、翌期も業績回復が追い付かず2期連続で赤字になりそうな場合には、無理に当期の業績を良く見せようとせず、今期は潔くあきらめて、回せる利益を翌期に回して、翌期に黒字を確保するようにしましょう。

たとえば当期も翌期も３００万円ずつの赤字、つまり2期の赤字合計が６００万円となる見込みである場合、当期を７００万円の赤字にしてしまえば、翌期は１００万円黒字となります。

どちらも取るべき方法は同じです。

たとえば、

・お客様との交渉で、完成、引き渡しを来月に回せるのであれば回し、売上を翌期とする
・翌期に予定していた改修や修繕などを前倒しで行なう
・従業員に了解を得て賞与を前倒しで支払う
・保険を翌期の分まで支払ってしまう
・減価償却を前倒しで行なう

といった方法が考えられます。

もちろん、これらは「税務上問題のない範囲で行なう」ことが大切です。利益を先延ばしすると税額が減るので税務署は怒ります。


しかし、「会計上は経費にしても、税務上は経費を取り消す」といったような処理を、税務申告書上で調整することも可能です。

つまり、税務署からも怒られず、会計上もうまく利益を確保することは可能なのです。

会計事務所とも相談してみてください。

銀行にもリスクを取らせるために

次に、決算を組むとき、どこに気を付けるべきかについて説明したいと思います。

ポイントは1つ。

一にも二にも、「経常利益を確保せよ」です。

ここに尽きます。


銀行交渉には、「暗黙の前提条件」があります。それは、「利益を出していること」。

利益を出していない会社は、交渉する権利がありません。

そして経常利益が確保できれば、**経常利益よりも営業利益、営業利益よりも売上総利益、が大きくなるようにしてください**（P144参照のこと）。

この部分の数字を銀行は見ます。

営業利益がマイナスだと、プロパー融資は難しいと考えてください。

大きな営業利益が、好条件の融資には不可欠です。

決算書を「整える」だけで利益が出る

整える目的

営業利益、経常利益の黒字を確保

- その期にだけ発生した特別な経費（退職金、特別償却、不動産取得税、新規出店費用など）は特別損失で処理
- 営業外収益に対応する費用は営業外で処理（融資関連資用や、従業員などから家賃を徴収している場合の支払い家賃などは営業外費用で処理）
- 製造原価と一般管理費の振り分けを経理担当者・会計事務所任せにして「売上総利益」を小さくしないようにする

- ☑ 役員・株主からの借入金は長期借入金とは別に独立表示
- ☑ 返済期限の長い長期資金に借り換える
- ☑ 売上高を大きく見せて借入限度額をアップさせる

節税に走る企業がなぜ成長が遅くなる傾向があるのか？

利益とは戦略的にコントロールすべきものなのです。

なりゆきで出てしまった、あるいは、赤字になってしまったでは問題です。

確かに外部要素も大きいので思い通りになるときばかりではありません。

「利益を確保せよと言われてもねぇ……」

と思われたことでしょう。

しかし、コントロールしやすくするコツもあります。

赤字が慢性的であれば、そもそもビジネスモデルの見直しが必要になります。資金繰り、手元資金を確保する以前の問題です。

それは売上・利益の大きな月が初めに来るように事業年度を組む（決算月を考える）ことです。

事業年度の終わりの方に利益がボンッと出てしまうと、処分しきれずにそのまま決算期末を迎えることになりかねません。

逆に事業年度の初めの方に利益が確保できていれば、コントロールが容易になります。

ですから、事業年度の初めの方に売上・利益の大きな月を持ってきて、最後の方に売上・利益の小さな月を持ってくることがポイントです。

さらに、できれば事業年度の終わりには受注残として利益を温存し、翌期の初めに売上計上となるスタートが切れる体制が整えられるとベストです。

また、会計期間の前半に利益が出ていないと、「経費を使いすぎて赤字になったらどうしよう?」という心配が先に立ってしまい、投資の意思決定が遅れます。

意思決定が遅れると、投資すべきときにし損ねることとなります。

その結果、予定外に利益が余ってしまい「せっかく出した利益がもったいない」と節税策を練るわけです。

節税を考える時点で、経営としては後手に回ってしまっているのです。

投資すべきときに投資をしていれば、節税策など考えなくても期末に利益が出過ぎることなどなく、投資が適切にできていれば、会社は成長できる訳です。

処理を適正化するだけで利益が出ることも

多くの決算書を拝見していると「その期にしか発生しない特別な経費」が、製造原価や販売費および一般管理費で処理されていることが多いのです。

たとえば、

・従業員が少ない会社の退職金
・新規出店費用
・引っ越し費用
・不動産取得時の不動産取得税
・特別償却

などで、その期にしか発生しえない取引は「特別損失」で処理すべきです。

ここを適正化するだけで、経常利益が確保できたケースを数多く見てきました。

またさらに、「雑収入」が多額な会社も要注意です。

雑収入に対応する経費が、製造原価や一般管理費に入っていないでしょうか？

多く見受けられるのが、従業員社宅の家賃や減価償却費、金融費用が一般管理費で処理されているケース。これらは「営業外費用」で処理すべきです。

あるいは、建設業で協力金として外注先から受け取っているが、実質は外注費の値引きという取引。

これは雑収入にせず、外注費から直接控除すべきです。

あるいは、製造原価の中に一般管理費として処理すべき取引が混ざっていないか、もう一度見直してみてください。

意外と不良で返品された製品の原価や、商品販売のための輸送費が、製造原価で処理されていたりします。

これらを適正に処理することで、経常利益、営業利益を大きくすることができますし、逆にこうしないと、正しい損益が把握できません。

大切なのは、経常利益より上の項目が、「毎期経常的に起こる取引」で構成されていること。

そして、製造原価が、製品を作る上での材料費や外注費などの付加価値で構成されていること。

ここの処理が不適切だったために、銀行から不当な待遇を受けてしまったケースを数多く見てきました。

ぜひ、決算書をご確認ください。

付け加えると、役員報酬の増額や保険を使った節税は営業利益、経常利益を減らします。

小さな節税に振り回されることで、決算の数字を悪くしてしまうのです。

どうしても2期赤字になりそうなら、先手必勝で手を打つ

2期連続で赤字にしてはいけないと説明しました。

もし、赤字になりそうな場合には、既存取引銀行から翌期の返済に必要な額を「決算前」に借りてしまいましょう。

その前に何期か黒字決算が続いているようであれば、「たまには赤字の年もあります。赤字の原因は○○です。すでに対策は取っており、今期は赤字の決算となりますが、来期以降は黒字を出すことが可能です」と、説明すれば、融資を受けられることが多いと思います。

また、たとえ返済が苦しくなりそうであっても、返済を止めるのは最後の手段と思ってくださ

い。業績が厳しい場合にはまず、このように前もって融資をお願いするのが鉄則です。

業績が厳しいと弱気になり、つい、「返済できなくなるかもしれません……」と、銀行にこぼしたくなります。

しかし、それは絶対に禁句ですから、グッと堪えるようにしてください。

これを言ってしまうと、出る融資も出なくなります。

そして、最悪、返済を止めるのであれば、早めに止めましょう。

最低でも、「翌期1年分の返済資金プラス月商1カ月分」が残っているうちでないと、再建が厳しくなります。

お金に強い社長の
裏ルール㉑
決算書の数字を調整するだけで、銀行員は一気に前のめりになる

第5章

低金利で借りて、手元資金をとにかく厚く！

22 銀行は横並び。交渉は、基本は一律でＯＫ

押さえるべきポイントは決まっている

保険や役員報酬増額といった小さな節税をやめて手元資金を厚くし、法人税も払う。その実績を元に、ポイントを押さえて銀行にアプローチすれば、融資を引き出すことは難しくありません。この章では、そこからさらに進んで、銀行と交渉しより良い条件を引き出す方法をお伝えします。「低金利」「長い融資期間」「銀行が『借りてください』と言ってくる」そんな環境が整えば、小さな節税に必死になっていたのが、バカバカしくなります。

銀行との交渉について。結論を言うと、銀行によって交渉の形に差はほとんどありません。銀行とは、預金者の預金保護の観点から、政府から管理を受けている組織です。

そのため、行員の独断で勝手なことができないように牽制制度がしかれ、人事異動することで業務の標準化が図られています。

そして「誰も責任を取らない組織」ができあがってしまった訳です。

もちろん、不正や貸倒れに対する責任はありますし、営業社員へのノルマや利益目標に対するノルマはあります。

それでも「失敗は会社の責任であって、個人の責任ではない」組織、これが銀行の本質です。

そのため、

・利益よりも安全を優先する
・他行の判断を拠りどころとして判断する
・将来よりも実績を重視する

が、判断基準となっています。これが

・お金がないところには貸さず、お金があるところに貸したがる

・右にならえが大好きで、「他行が貸すならうちも貸す、他行が引くならうちも引く」

という、銀行独特の行動につながっているのです。

1行とうまくいけば他すべてとうまくいく

加えて、融資というサービスは、究極的には金利の高低でしか評価されないコモディティ化の進みやすい性質を持っています。

手段、プロセス、リスク許容度に違いはあっても、会社の決算書などの条件が同じであれば、受けられるサービスは「お金を借り、その対価として利息を支払う」であり、これはどこの銀行から借りても同じです。

「より精度が高い融資」や「より耐久性がある融資」といった付加価値が付くことはありません。

理由は簡単です。商品が「お金」だからです。

銀行交渉とは一律である分、ポイントを押さえればだいたいどこの銀行に対しても有利に交渉できます。逆にポイントを外しているとどこともうまくいきません。

押さえるべきポイントとは何でしょうか？

・銀行にとって「貸さないと損をする」と思われるようにふるまう
・他行が貸したがっていて、貸さないと他行にシェアを奪われる可能性があると認識させる
・絶対に「頭を下げない、泣きつかない」

この３つを念頭に置いて、銀行の動きに先んじて行動すれば良いのです。

そして、次のアクションを取るのです。

「借入限度額まで長期資金を借り、手元資金を厚くする」

状況に合わせた細かいテクニックはたくさんありますが、大前提はこれであり、交渉がうまくいかないときは、この基本に立ち返っていただければと思います。

お金に強い社長の裏ルール㉒

銀行対策は、基本的にどこも同じ

23 金利や返済期間は、交渉する

銀行の言いなりになるな！

ここからいよいよ、銀行との具体的な交渉術になります。

そもそも、条件面について銀行と交渉できることを知らない方もいますが、知ってはいても、いつどうやって切り出すのか分からないという方もいます。

本題に入る前に、大切な2つの前提条件をお伝えします。

1つ目は、**「金利などの条件面は交渉しなければ、銀行が自らこちらに有利な条件を提示してくれることはない」ということです。**

銀行も商売でやっていますから、わざわざ自分たちの利益を削るようなことはしません。「うちの銀行としか取引していない」と分かっていれば、「うちの銀行」に有利な条件しか出してきません。

２つ目は、**「複数の銀行と取引していないと交渉は難しい」**ということです。そもそも取引している銀行が１つしかなければ、こちらの主張がはねられたら終わりです。少なくとも、こちらの主張に対して真面目に向き合わないと、「他行にシェアを奪われる」あるいは「自行の融資が返済を受けてしまう」といった、銀行にとって不利になる状況を作っておく必要があります。

交渉すべきタイミングはいつ？

前置きが長くなりましたが、ここからが本題です。

これら２つの条件が整っている上で、**交渉すべきタイミングとは「折り返し融資」または「新規借入」のときとなります。**

借入も返済を始めて3〜4年経つと、銀行の方から当初融資額まで借入を増やすことを勧めてきます。

これを「折り返し融資」と言います。

逆に銀行も嫌がり、タイミング的にも厳しいのが「融資の返済期間中」です。

銀行は約束を守らない人とは取引をしたくないと考えていますから、返済期間中に融資の条件を変更してくれという要望を承諾してくれることはまれです。

逆に「折り返し融資」や「新規借入」のときであれば、「他行はもっと有利な条件を提示している」と伝えることで、稟議書に「他行と条件を合わせるため」という大義名分が立ちます。

銀行の立場としては返してくれないのも困るのですが、全額返されてしまい取引がなくなると儲けゼロ、担当の立場がなくなるので困るのです。

そこで、残高がある程度減ってくると、当初の借入額、または、そこにプラスオンした形で、再度融資をさせてくださいと言ってきます。

こうなると、返済実績もあることですから、銀行としても貸したい相手です。当初より良い条件を出しやすくなります。

ここが交渉のベストタイミングなのです。

交渉に適した「月」

次に、年を通して考えた場合に、いつ交渉するのが有利かをお伝えしたいと思います。

実は、金利は年間通して同じではありません。

決算月である3月、または中間決算の9月、あるいは年末である12月はキャンペーンを張るので、良い条件を出しやすくなります。

逆にこのタイミングの直後は銀行員のモチベーションがちょっと下がっているので、やりにくいこともあります。

とくに4月、10月は異動の時期でもあるので、融資どころではない場合もあります。

融資の申し込みから実行までは一般的には1カ月ぐらいかかりますから、タイミングをはずさないよう、早めに交渉を始めるようにしてください。

付け加えになりますが、決算月を過ぎて3カ月もすると、融資の稟議を通すのに試算表が必要になります。

融資を受けるためにわざわざ試算表を作成するのも面倒ですよね？

その意味では、これらの時期に決算書ができたてほやほやの状態である、12月決算、6月決算、9月決算の会社は、試算表でなく、決算書で交渉できるのでひと手間省けます。

試算表よりは決算書の方が信頼度も高いので、最も良い状態とも言えます。

決算の時期によって、銀行交渉に有利不利が出てくるということです。

最後に、**融資の申し込みのときも、「融資を受けたいんです」と窓口には行かないでください。**

電話をして担当をよこしてもらうのが一番です。

「融資をお願いするこちらからお訪ねするのが礼儀」とは考えないでください。

取引のある銀行は、「来行する＝業績悪化による返済額の減額交渉」と考える傾向があるので、警戒されます。

「こちらが行くのを待つ余裕もない」と思われます。

そもそもこちらが客なのですから、営業担当者が来るのは当然です。

「決算内容を説明に行く」を名目に銀行を競わせる

条件交渉で一番効くのは、「銀行に一斉に声がけしコンペで競わせる」ことです。

そしてそれを行なう最高のタイミングは、銀行員が決算直後に決算書を取りに来たときです。

このときに銀行に一斉に条件出ししてもらうのが最もスムーズです。

資金を「年１回の調達」と、あえて交渉機会を絞っている企業が、最も銀行から条件良く融資を引き出せています。

「年１回の資金調達のための決算説明」
これが一番効くのです。

決算が終わったら複数の銀行に決算報告をしに行ってみましょう。

銀行に行くのはダメ、とお伝えしました。

「銀行に行くのはカネを借りないときだけ」

これを徹底しましょう。

事前にアポを取り、銀行にも準備をしてもらいます。


決算報告というと肩に力が入ってしまいそうですが、それは名目で本当の目的はコンペです。

決算説明も、難しくありません。次ページの3つのポイントを押さえるだけ。今期の予定調達額の計算方法は後ほど説明します。


ポイントは、売上の2期比較を社長が行い、それ以外を会計事務所または経理担当者に説明させること。そして引き継ぐ際に「細かいことは会計事務所に任せます」と決めゼリフを言うことです。これで「数字に強い社長」と印象づけることができます。

銀行は年に1度「貴社に対する取引方針」を決算書を元に決定するので、決算説明は有利な借入に非常に有効と言えます。

決算説明は
次の3つを押さえればパーフェクト

1

売上2期比較で社長が増減について
説明できるようにしておく

2

細かい数字を説明できる人
（会計事務所または経理担当者）を同席させる

3

今期の予定調達額を計算しておく

社長は銀行員に①について説明をしたのち
「細かいことは会計事務所
（または経理担当者）が説明します」と言うだけ。
今期の予定調達額だけは計算しておき、
銀行員に聞かれたら即座に答える。
この3つのステップを踏めば、
銀行員に「会社のことを分かっている、
数字に強い社長」と思ってもらえる。

できれば、いつも自分の会社に来てくれる担当者だけではなく、支店長か融資の役席などの、担当者よりもキャリアのある人に同席してもらいましょう。

いつもの担当者だけでなく、支店内の複数の人に自分の会社の存在をアピールすることで、支店内のテリトリー替えに備えることができます。

また、支店長や融資の役席は行員としてのレベルが高い方が多いので、会社の良いところを引き出してくれて、融資を受けられる可能性も高まります。

さらに支店長と直接話をし、融資に前向きかを見極めておくことも大切です。

会ったところでひと通りの決算説明をして、今年の資金調達計画を伝え、各行から条件を出してもらうのです。まさにコンペです。

ポイントは最も好条件にできる「年1回調達」を基本とすることです。

もし調達したお金が不足しそうなら、中間決算が終わった頃に試算表を用意して、「中間決算報告」と称して再度調達の機会を設けても問題ありません。

定期的なコンペを行なうことで、「必要なので貸してください」から脱却し、「銀行に借りてください」と言わせるように変わることができます。

さらに、「うちは別にお金に困っていないので、好条件なら借りてもいいですよ」と、余裕のあるところを見せることができればベストです。

また、コンペですから、必ず締め切りを設けましょう。

締め切りには２週間から３週間程度の余裕を持たせると良いでしょう。

一度にたくさんの金融機関と話をすると、融資に対して前向きか、後ろ向きか「銀行ごとの温度差」も感じられるのが良いところです。

とくに、他行の動向について探りを入れてくる銀行は、融資に対し前向きと言って良いでしょう。

最後に、繰り返しになりますが必要調達額について、絶対に「この額を貸してください」と言ってはいけません。

「今期の調達予定は〇〇〇万円です。良い提案があればご提示ください」と言うようにしてください。

あくまでも「貸したいのはそちら（銀行）ですよね？」というスタンスを貫くことが大切です。

銀行に「貸してもらう側なのに厚かましい」と嫌われることを心配する必要はありません。

銀行員は「貸してください」とお願いされるのに慣れている、その多さに辟易していると言っても過言ではありません。

「貸してください」と言ってこない、貸したいと思う相手は、銀行員にとっても大変ありがたい存在です。むしろ「貸してください」と言おうものなら「なんだほかの社長と一緒か」と扱いもぞんざいになりかねません。

あくまでも「借りてと言うならば、条件によっては借りることを考えてもいいですよ」のスタンスを貫き通しましょう。

お金に強い社長の裏ルール㉓

順を追って銀行にアプローチし、好条件を引き出す！

24 「いくら借りたいですか？」と聞かれたら

銀行にも考えてもらうために

決算説明を名目にしたコンペを行なう際の「今期の予定調達額」を計算するために、以下の計算方法をお伝えします。

決算書の貸借対照表に「１年内返済長期借入金」という項目があります（ないことが多いので会計事務所にこの項目の入った決算書を作ってもらいましょう）。

また、決算書にキャッシュ・フロー計算書が付いていないようであれば、会計事務所に作成してもらいましょう。

そして、**１年内返済長期借入金から営業キャッシュ・フローを引き、そこに当期の設備投**

資額を加えたものが必要調達額です（マイナスの場合調達は不要です）。

このようなざっくりした数字で大丈夫です。決算報告会ですぐに伝えることで「自社のことをよく分かっている、数字に強い社長」と印象付けることができます。

中小企業において、預金はいくらあってもありすぎるということはありません。少なくとも月商の３カ月分に達するまでは、銀行が貸してくれるというのであれば、その上限額で借りましょう。

銀行の担当者も子どもの使いではありませんので、借入の話で来てもらう場合には、ある程度、行内の内諾を取ってくることが多いと思います。

ですから、

「いくらお要りようですか？」

と聞かれたら、

「いくらぐらいまでなら貸せそうですか？」

と、聞き返してしまう感じで良いのです。

そして、月商３カ月分の預金をキープしたあとは、長期借入金の１年分の返済額を計算して、その返済額分を借りましょう。

そうすることで、いつも同じ預金量をキープすることができます。

唯一の例外が創業融資です。創業融資だけは資金使徒と融資額の確度が審査の対象となるので、しっかり提示する必要があります。

このようなことを踏まえた上で、

「いくらお要りようですか？」

と言われたときに、いくらと答えるかについての核心部分に迫りたいと思います。

ポイントは「支店の裁量権」です。

支店の裁量権の範囲であれば、担当者や支店長の裁量で取引条件を決められますので、スムーズに運びます。

反対に、裁量権を超えてしまうと、本部など上部組織に決裁を仰ぐことになってしまうので、審査も厳しくなります。

この裁量権について考慮すべき要素は2点あります。

それは、その銀行との取引が初めてであるか否かと、銀行（あるいはその支店）の規模です。

先述のとおり、銀行は「新規取引」に厳しいものです。

ですから、新規取引においては、取引金額などの条件が厳しめになります。

一方で、銀行や支店の規模が大きくなれば、一般的に決裁権も大きくなります。

たとえば、信金よりも地銀の方が支店ごとの決裁権は大きいことが一般的ですし、同じ行内でも、郊外にある小さな支店よりも、主要都市の中心部にある大きな支店の方が決裁権は大きくなります。

銀行の種類・規模ごとの目安と、黒字法人の標準的な利率

次にこれらを踏まえた銀行の種類・規模ごとの支店決裁枠の目安と合わせて、黒字法人の場合の標準的な利率（2018年4月現在）について見てみましょう。

銀行の支店決裁枠と標準的な利率

信金または地銀の小型支店

新規取引……500万円まで（1.4%程度）
標準取引……500万円まで（0.9%程度）
支店決裁……1,000万円まで（0.7%程度）

国　金

新規取引……500万円まで（1.4%程度）
標準取引……1,000万まで（1.4%程度）
支店決裁……1,000万円まで（1.4%程度）

都市銀、地銀大型支店、信金大型支店

新規取引……1,000万円まで（0.9%程度）
標準取引……3,000万円まで（0.6%程度）
支店決裁……1億円まで（0.4%程度）

中小公庫・商工中金

新規取引……3,000万円から（0.9%程度）
標準取引……1億円まで（0.6%程度）
支店決裁……2億円まで（0.4%程度）

前ページの図はそれぞれ、支店決裁枠、カッコ内については標準的な利率です。

取引条件が、初回取引においては厳しくなっていることと、また、金融機関や支店の大小で異なっているイメージがつかめたのではないかと思います。

第4章で説明した「銀行の組み合わせ」を考える際は、この銀行の規模などを考慮することが必須です。

この額を超えると、本部などの上部組織に決裁を仰ぐことになり審査が厳しくなります。

ですから、銀行の規模に見合った額を目安に申し込むことで、スムーズに融資を受けることができるようになります。

ただし、あくまでも目安で、絶対の指標ということではありませんので、ご了承ください。

また、担当者と仲良くなると、支店の決裁枠などは教えてもらえますので、聞き出してしまうのがベストです。

最後に、民間金融機関は新規取引については「1～2年返済」という条件をつけてくることが多いと思いますが、先述の通り、新規だけは多少条件が悪くても割り切りましょう。政府系金融期間は初回取引でも「5～7年返済」で問題ありません。

用途は「短期資金」ではなく、「長期資金」で安定して借りる

企業側から見た場合、借入は貸す、貸さないの「見直し頻度が少ない」ほど有利になります。つまり、返済期間や返済期日は、長ければ長いほど有利ということになります。逆に、返済期間や期日が短いと、その度ごとに銀行は貸す、貸さないの判断ができますから、企業としては不利になります。

ですから、賞与や納税、あるいは大きな取引のつど融資を申し込むのではなく、これらの分まで考慮した上で使途の制限のない、「運転資金で長期融資」を使うのが有利となります。しかし、銀行はリスクをなるべく減らしたい立場ですから、この逆を勧めてきます。とくに短期資金を借りる場合は「手形貸付」になることが多いと思います。返済できない場合、「手形不渡」ということになりますから、拘束力も強力なので、銀行に有

利です。

さらに、最近は金融庁が、

「手貸を使った運転資金の融資を折り返し前提で使う方が、毎月返済のある証書貸付よりも企業にとって良い」

と銀行に指導していることもあり、以前よりも勧められる機会が多くなりましたから注意が必要です。

長期の固定資産は全額借入、割賦、リースで購入し、返済期間は耐用年数

設備を購入する場合には、必ず「設備資金」を使うようにしてください。

銀行においては設備資金と運転資金は別枠で見ることが多いのですが、設備資金よりも運転資金の方が手続きが楽なので、担当者はどうしても運転資金を勧めがちです。

設備については、

「耐用年数を返済期間」とする融資を受けることが、資金繰り上、非常に大切です。

ここは企業の資金繰りに直結してくるところですので、安易に妥協せず、しっかりと主張、交渉する必要があります。

通らない場合には、設備投資を見合わせるのが基本だと私は考えています。

ところで、利率と返済期間はトレードオフの関係にあります。どちらを優先させるべきかという問題がありますが、**資金繰りに不安があるのであれば、返済期間を長くすることを優先させるべきです。**

利率の交渉は資金繰りに余裕が出てきてからにしてください。

「お金の余裕は心の余裕」です。

お金に強い社長の裏ルール㉔

目の前の銀行の「身の丈」を知ろう

25 借りるのに理由はいらない

借入の理由をごまかすのは絶対NG！

次は、借入申し込みの際の、「借入使途」についてお話ししたいと思います。

借入使途、つまり使い道は、堅いことを言うようですが、厳密に守る必要があります。

契約は約束です。

約束を守らない人に、銀行はお金を貸しません。

嘘をついて資金を引き出すなどはもっての外です。

とくに、不動産や機械などの設備を買うための「設備資金」や、賞与や納税のための「賞与資金」「納税資金」などを、それ以外の目的で使った場合には、ウソであるとして一括返済を迫られてもしかたないのです。

こうお伝えすると、面倒だと身構えてしまうかもしれません。

しかし、買う予定もないのに「機械を買いたい」や「自動車を買いたい」といったような、おかしな用途を伝える必要はありません。

というよりも、多くの方が、

「何か使う用途がなくては借りられない」

と、勘違いしているように思います。

銀行交渉に同席していると、苦し紛れなのか、気を遣っているのか、ときどきこういった場面に出くわします。

運転資金の使途は
「手元資金を増やしたい」
で十分なのです。

もっと言うと
「何かあると心配だから、手元資金を厚くしておきたい」
というあいまいな理由で良いのです。

私が長年銀行交渉を行なってきた経験から断言するのは、変な理由、言い訳をひねり出すよりも、よほど納得してもらえる、ということです。ですから、借入の理由は小細工したり、ごまかしたりせず、正直に伝えていただければと思います。

「儲かっているから借りたい」がパーフェクト

ここで、長期の運転資金を引き出すためのキーワードがあります。

それが、**「増加運転資金」**です。

これは、長期的な傾向として売上高が伸びているときに使えるキーワードです。

イメージ的には、売上が伸びると手元のお金が増えそうなものですが、実際はその逆です。

売上が増えると、未回収が増えますし、先行的に在庫を積み増さねばならなかったりするなど、手元資金を使ってしまう要因が多く生じるので、一般的に手元資金は減ります。

こういう場合の融資は、売上増ということで前向きな資金であり、銀行としては取り組みやすいものとなります。

ですから、**前期とくらべて売上高が増えているときを狙うと、交渉がスムーズになるのです。**

売上が増えているにもかかわらず「お金がないない」と思っている中小企業経営者は案外多く、また、それを恥ずかしいと感じていることが多いのです。

ぜひ、自信を持って交渉してください。

お金に強い社長の
裏ルール㉕

「儲かっているから借りたい」と、堂々と言おう!

26 「借りたお金」も交渉のカードになる

「見せ金」で「いつでも全額返せる」シチュエーションを作る

銀行は取引を始めるまでは慎重ですが、実際始まってしまうと一般の会社と同じように「取引がなくなるのは困る」という立場になります。

「一度貸したら、長く返し続けてほしい。すぐに全額返されてしまっても困る」という訳です。

逆に言うと、こちらとしては、「いつでも返せる状態にある」にすると、銀行よりも強い立場になることは想像に難くないでしょう。

それはどういう状態でしょうか？

「借入の残高よりも大きな余剰資金を抱える」ことで実現します。

「いやいやそれは無理でしょう」

と思われたかもしれません。

しかし、「ある銀行に限って」見た場合はどうでしょうか？

たとえば、総借入額が６０００万円（Ａ銀行１０００万円、Ｂ銀行５０００万円）、手元資金６０００万円である場合を考えてみます。

どうでしょうか？

両行に一度に返すのは無理ですが、Ａ銀行だけであれば、一括弁済することも可能です。

ここから、いくつか取引のある銀行のうち、どこと交渉すると有利に進められるか考えてみてください。

そうです。

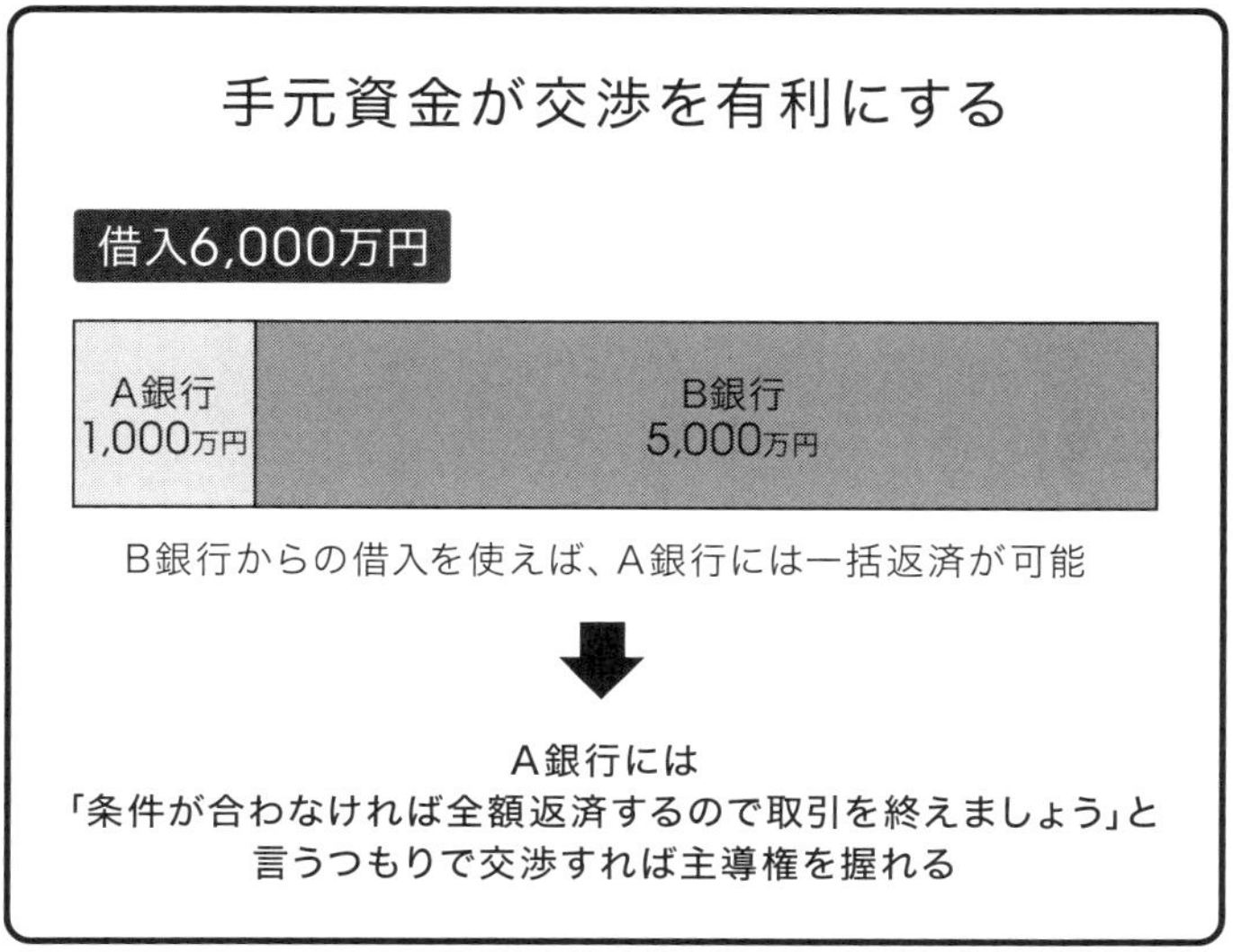
借入6,000万円
A銀行
1,000万円
B銀行
5,000万円
B銀行からの借入を使えば、A銀行には一括返済が可能
A銀行には
「条件が合わなければ全額返済するので取引を終えましょう」と
言うつもりで交渉すれば主導権を握れる

手元資金が交渉を有利にする

条件が折り合わなければ、最悪の場合、一括弁済が可能なA銀行と交渉すると有利に進められることになります。

銀行も組織ですから、担当者の立場からすると取引がなくなるのはマイナスです。

ですから、

「条件が合わなければ一括弁済」

というカードを持つことで、こちらの立場が強くなる訳です。

まずは一番融資額が小さな取引銀行と交渉して良い条件を引き出す。

そして良い条件が出たら他の銀行にもそれを使って交渉する。

こうすることで、良い条件を次から次へと引き出していくことが可能です。

これが、「手元資金を持っていると銀行交渉がしやすくなる」理由です。

こちらの手元資金で一括返済が可能な銀行と交渉すると、有利に進められるのです。

基本的には手元資金は多ければ多いほど、交渉しやすくなる銀行が増えることになります。

その手元資金は利益の蓄積である必要はありません。

どこかの銀行から借りたものであっても良いのです。

「どこに預けるか」も交渉の切り札

次に、手元資金をどの銀行に預けるのが有利かについて説明したいと思います。

銀行の立場からすると、融資したお金がずっと自行内にあれば、事実上融資していないのに金利だけもらっているのと同じことになります。


銀行は効率をとても大切にしています。

たとえば、融資額5000万円、預金額3000万円ならば、実質的には2000万円しか融資をしていないのと同じことになります。

この2000万円を「実質融資額」と言います。


【融資額－預金額＝実質融資額】です。

この場合、年利1％とすると、年間50万円の利息を支払う訳ですが、この実質融資額を元に利率を計算すると、実は年利2・5％で借りているのと同じことになる訳です。

銀行からすると、おいしい取引ということになります。

ですから、複数行から借りている場合には、不公平のないように、できる限り借入残高に比例した金額を預金として置いておくのがマナーということになるのです。

ところで自社の借入と預金残高の関係を銀行ごとにもう一度見直してみてください。

「実は借りているのはうちじゃなくて、銀行じゃないか！」

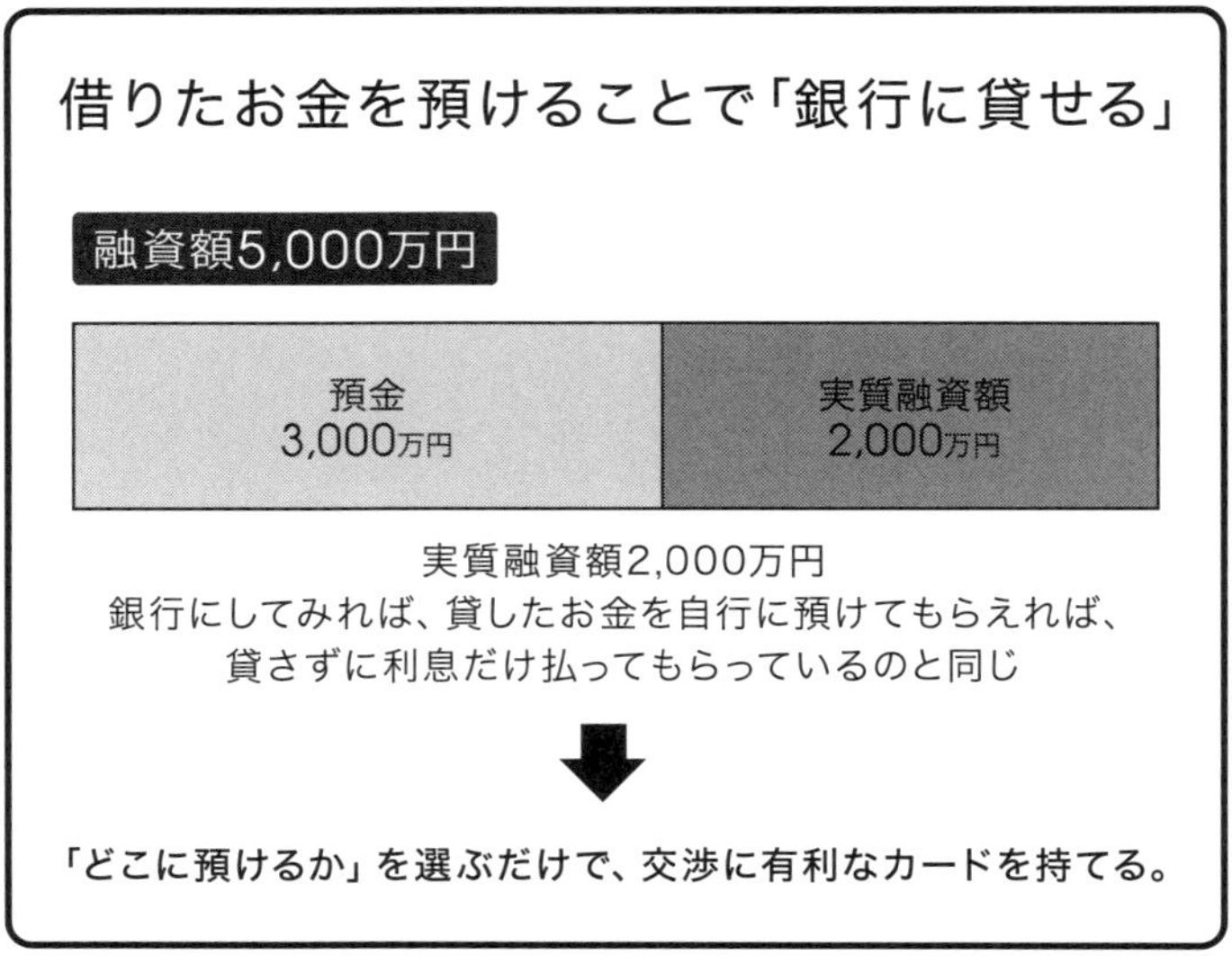

借りたお金を預けることで「銀行に貸せる」
融資額5,000万円
預金
3,000万円
実質融資額
2,000万円
実質融資額2,000万円
銀行にしてみれば、貸したお金を自行に預けてもらえれば、
貸さずに利息だけ払ってもらっているのと同じ
「どこに預けるか」を選ぶだけで、交渉に有利なカードを持てる。

ということはありませんか？


売上や支払いに使うメイン口座の銀行では、こういうことが起こりかねません。

「むしろ金利を欲しいのはこちらだよ」という状態です。

逆に言うと、こういう状態をわざと作ることで交渉に有利な状態になります。


金利の交渉において、ズバリ！

「借りているのはうちじゃなくて、銀行さん、おたくじゃないんですか？」

と、問いかけてみるのです。

公庫から借りることで、「おたくからは借りてない」を簡単に作れる

日本公庫には「預金」がありません。これは公庫だけの大きな特徴です。

先述の通り、融資とのバランスを極端に欠いた預け入れを銀行は良しとしません。

しかし、公庫には預金できませんから、その借入をどこの銀行に預け入れるのも自由です。

どの銀行からも文句は言われません。

そうです！　これを利用すると簡単に「おたくからは実質的に借りていませんよね？」の状態を簡単に作れてしまいます。

たとえばA銀行から3000万円借りていて預金残高が2500万円だったとしても、公庫から1000万円借りてA銀行に預ければ、A銀行は預金3500万円、借入3000万円となり、「実質的に会社が500万円貸している」状態を作れます。

この状態に持ち込めば、「貸す・貸さない」や「利率をいくらで？」といった交渉の際に優位に立てます。

公庫からの借入は銀行交渉のためのジョーカーとも言えます。私もよくこれを使って交渉します。

もう一歩進めて、融資に積極的な銀行に対して、

「残高をもっと置くようにしたら良い条件を出してもらえますか？」

と、こちらから持ちかけてみるのも良いでしょう。

「預金をどこに置くか」は交渉材料として使えるのです。

ですから、さらにもう一歩踏み込むのであれば、

「あまり条件が良くないですね。そういえば、○○銀行さんからメインの口座を移してもらえないかと言われていまして」

と、言ってみるという手もあります。

とくにメインの口座となると平均残高が大きくなることが多いと思います。

そうなると、銀行としては実質的な融資額が小さくなる。

さらに、預金を抱えるという意味で保全が図れる。

さらにさらに、振込手数料などの手数料が入る。

これらの効果が見込めるので、良いことずくめなのです。

そしてさらに、社員の給与振込口座まで取れるとなると、会社からは給与として出金しますが、銀行の立場で見ると、支店内または支店間で口座が変わっただけで、資金が逃げていきません。

こうなるとさらにおいしい状態です。

銀行が「メイン口座をやらせてください」と言う裏には、こんな事情があったのです！

ですから、「メインの口座をどこの銀行に任せるか」は、実は交渉の武器として使えるのです。

さらに、メインの銀行が利率を下げると、サブの銀行も追随してくれることでしょう。

ぜひ、試してみてください。

少なくとも、**「借入のない銀行がメインの口座」になっているなんてことがないように**気を付けてください。

たとえば、地銀や信金からしか借りていないのに、都市銀を請求書の入金口座としている場合など、しばしば起こり得ます。

もしそんなことになっているならば、大事な交渉のカードを自ら放棄しているのと同じです。

お金に強い社長の裏ルール㉖

銀行には、借りたあとにこそ強く出よう

27 銀行に勝手に来てもらうテクニック

調査会社に登録してもらうことで、ますます借りやすくなる

銀行に「飛び込み営業」をしてもらうための条件の整え方についても説明したいと思います。

銀行は、こちらからお付き合いをお願いしたいと申し出ると、疑ってかかる習性を持っているので、新規の銀行に融資をお願いするのは困難です。

そんな中で、こちらからお願いしていないのに向こうから取引してくださいと言われる、これが飛び込み営業です。

信用金庫ならば、テリトリーをローラーで回っているので飛び込み営業もありますが、地銀や都市銀は滅多なことでは飛び込み営業をしません。

信金は預金口座を開く、定期積金をお願いすることもあるので、飛び込み営業をします。

しかし、地銀や都市銀は融資できる先にしか飛び込みません。

飛び込み営業先が赤字だったりして融資の条件に合わないと問題だからです。


そこで、取引がなくとも融資ができそうかどうかを知るために、銀行は「帝国データバンク」や「東京商工リサーチ」など調査会社のデータを使います。

このような「調査会社のリストに載っている」ことが、飛び込み営業をかけてもらうコツであり、最低条件となる訳です。

また、調査会社に協力して経営成績をオープンにすることも評価アップの要素になります。

実際に銀行から調査会社への登録を要請されることもあります。

ですから、調査会社から調査依頼があった場合には、快く応じることが大切です。

できれば決算書も提出しておいた方が良いでしょう。

最低限度、調査依頼の電話を断らない、または、送られてきたハガキを放置しないでください。

こういう話をすると、

「利益が出ていることが得意先にバレると値引きの要請を受ける」

ということをいただくことがあります。


確かにその可能性は否めません。

しかしながら、最近はコンプライアンスの関係から、「債務超過の会社とは付き合わない」という方針を打ち出している大企業も多いので、逆に、調査会社に協力したことで、売上拡大につながったという事例もあります。


最後に、どうすれば調査会社のリストに載ることができるのか、それは調査を受けることです。

調査を受けるにはどうするのか?

取引先が調査依頼をかけてくれれば良いのですが、そう都合良くもいきません。

そんなときには知り合いの社長に、自分の会社に対して調査依頼をかけてもらうようにお願いしてみましょう。

保証協会は折を見て外す

最後に、保証協会を外すタイミングについて説明します。

銀行も商売ですから、こちらから言わない限り保証協会の保証を融資の条件としてきます。交渉のタイミングについてお伝えしたいと思います。

その前に、保証協会の保証を受けると何がいけないのかについて説明します。

まず、銀行に支払う利息の他に、保証協会に対して保証料を支払わなければなりません。それほど高いものではありませんが、これが付いている限り、トータルの金利が1％を切ることはありません。

第二に、ここが一番重要なところですが、保証協会の保証を受けると、実質的に保証協会から借りるのと同じことになってしまう点です。

保証協会は横浜、川崎、名古屋、岐阜を除いて各都道府県に1つしかありません。

ですから、金融機関は基本的に会社の本店所在地にある保証協会に保証を求めることになってしまいます。

そして、保証協会がＮＯを出した案件に、金融機関がＯＫを出すことはありません。

そうなると、いくつもの金融機関と付き合っていようと、それらの金融機関がみんな同じ保証協会にお尋ねを立てる訳ですから、会社の命運を保証協会に握られてしまうことになります。

また、保証協会に保証をお願いしていると、銀行は融資先から回収できなくても、８割を保証協会から返済を受けることが可能になります。

ですから、銀行は自分たちでリスクを取ってまで真剣に融資に取り組んでくれなくなります。

さらに、「保証協会に断られたから融資できません」とか、「保証協会がＯＫしてくれないでしょうから、こういう融資はできません」という逃げの口実を、銀行に与えることになってしまいます。

第三に、保証には枠（限度額）があるということです。

保証協会と付き合っている限り、この枠を超える融資を銀行はしたがりません。事業が拡大してくると、この枠が邪魔になります。

なので、保証協会の保証は、どこかの時点を見計らって外さないと、会社にとって不利になります。

では、それはどんなタイミングかというと……

・手元資金を月商2カ月分以上持っている
・融資額が1000万円以上
・3期以上連続黒字
・自己資本比率20％以上

ざっくり言うと、これらの条件を整えたときと考えてください。それほど高くないハードルだと思います。

ただし、保証協会を外す抵抗は思った以上に強いもので、銀行はなんだかんだと理由をつけて、保証協会を外さない方が良いと言ってきます。

たとえば、

「利子補給を受けられるので、実質的には保証料負担はありません」

とか、

「保証協会とも付き合っておかないと、いざというときに保証協会の保証が受けづらいですよ」

などです。

しかし、危機でもないときには、保証協会の保証は外しておかないと、事業のサイズさえも保証協会の結論に左右されかねません。

ですから、

・県外地方銀行の支店
・一括返済可能な銀行
・メイン口座としている銀行
・飛び込み営業の銀行

に対して、折り返し融資や新規借入の際に交渉するのです。一行でも対応してくれるところがあれば、それ以外の銀行には「外してくれなければ、プロパーで貸してくれる銀行に借換えます」と言って交渉することで次々に応じてくれるようになります。

大切なことなので、もう一度言っておきます。
こちらから言わなければ、保証協会の保証は外れません。

お金に強い社長の
裏ルール㉗

こちらから手を打つことで、営業不要、さらなる好条件を呼び込む

第6章

どん底からキャッシュリッチへ！会社のお金を増やす工程表

28 手元資金月商3カ月分までの工程表

利益を毎月確認しよう

これまでの話を元に、どん底の状態でも現金を持ち、手元資金を月商3カ月分まで増やすための工程表を見てみたいと思います。

ここまで会社を潰す小さな節税をやめて手元資金を厚くし、さらに銀行から融資を引き出すためのいろいろな打ち手についてご紹介してきましたが、打ち手には順序があり、カードの切り方を間違えるとうまくいくものもうまくいかなくなります。

第2章で紹介した、どん底からはい上がった会社もこのような工程で改善しました。

まずは、毎月試算表を作り、目標設定をきちんとします。

月商3カ月分の手元資金を持つためのステップ（再掲）

1　無駄な出費をなくし、手元資金を増やす

・役員報酬をカット
・余計な保険を解約
・法人税を納める
・試算表を作成し、毎月の利益と目標を確認

2　融資を受け手元資金を厚くする

・融資に前向きな銀行を選ぶ
・金利、返済期間などの細かい条件よりも「まずは融資を受ける」
・借りたお金をキープし「実質無借金経営」にする

3　銀行と交渉し、有利な条件を引き出し、さらに手元資金を厚くする

・複数の銀行を組み合わせ、競争させる
・短期借入は長期借入にする
・保証協会を外し、プロパー融資を引き出す
・銀行に頭を下げない。銀行に「借りてください」と言わせる

大事なことは、月次試算表の利益を社長が毎月きちんと確認することです。社長が思っているよりも利益が出ていないことの方が多いでしょう。そして、「今期から決算の方針が変わります」と、銀行に宣言をしてしまいましょう。ここまでは、お金も時間も掛けずにできることです。

次になりふり構わず借りて資金を増やす。

できれば始めに既存取引行から新規資金を入れてもらいましょう。保険は解約。役員が預金を持っているなら、会社に貸しましょう。

まずしなければならないのは、「時間を稼ぐ」ことです。「時間＝カネ」です。

私の経験上、手元資金が少ないと、まず心配が先に立ってしまうので判断が遅くなります。そして、臆病になります。さらに正常な判断ができなくなり、間違った判断を犯しやすくなります。

会社の再建において最も重要なのは「スピード」と「カネ」です。対策を小出しにせず、一気に行ないましょう。

とにかくすぐに出せる利益を出す！

同時に、減価償却資産の耐用年数の精査や見直しなどをして、減価償却不足があるのであれば、このときに一気に解消し、次期以降の減価償却負担を軽くできるようにしましょう。

過年度の償却不足は特別損失扱いになり、経常利益は傷みません。

また、不良債権の償却もここでしてしまい、一気に膿み出しをしてしまいましょう。

グループ会社間の取引が不明瞭だと銀行は嫌がるので合併、清算などできれいにします。

こうすることで金融機関に「うちはこれだけ血を流しているのだから」という説明もできるようになります。

また、決算期末が近付いてきたら銀行に対して試算表を見せて、「うちは今期はこれぐらいの利益が出そうです。あるいは、今期は過去の膿み出しをしますが、来期はこのぐらいの利益を出します」というようなネゴシエーションをしておきましょう。

役員報酬は、銀行から要求されるなどの合理的な理由がない限り、法人税法上は会計期間中に変更することが許されていません。

ですから、変更は決算が終わったらがベストです。

ただし、役員報酬は役員個人の保証能力に直結し、役員報酬を世間一般と同じにしたら赤字になるようでは再建と見なされませんので、極端に下げても意味がありません。

2〜3年目には銀行から良い条件が引き出せる

このような形で進めながら、不採算事業の撤退や人件費をはじめとした経費削減などを進めると二度目の決算が終わる頃には利益が出始めることでしょう（出るように改善プランを練ることが必須です）。

利益が出始めると交渉ができますので、増加運転資金名目で、借入をどんどん増やして、手元資金を増やしましょう。

また、銀行への決算報告と称したコンペも、2年目を終えたあたりから可能になります。

手元資金が増えれば余裕も出てきますので、「取引している銀行が当社にとってふさわしいかどうか」の見極めもできます。

新たな金融機関を入れるとか、そうでない金融機関に退場していただくことを始めます。

さらに、取引銀行の中に県外地銀を加えてみましょう。

また、できるだけこのタイミングでメインの銀行に預金を集中し始めることです。

これが終わったら、短期の借入をやめて長期の借入に切り替えていきます。

そして、保証協会付きの融資をプロパー融資に切り替えていきます。

ここまでで、だいたい２年から３年ぐらいかかると思います。

３年も経ってくると割と預金量も増えてきているでしょうし、利益も出ているでしょうから、帝国データバンクなどの調査会社に情報提供していきましょう。

そうすることで、銀行からの飛び込み営業などが見込まれ、さらに交渉力が強まります。

このあとで、割引手形を中止したり、支払手形を長期借入金に転換していきます。

さらにメインの銀行に運転資金を集中することで、メイン銀行との金利交渉も可能になります。

金利が低くなることで、より利益が出やすくなります。

さらなる好条件を引き出すために

また、銀行に「社債」を引き受けてもらうことも、このステージになるとできるようになります。社債は聞きなれない方もいると思いますが、元金は満期後の一括返済で、金利だけ支払えば良い商品です。

銀行による社債の引き受けは、銀行からプレスリリースされることも多く、会社としても1つの信用になります。

つまりこれで**社債を引き受けてくれた銀行以外の銀行からも信用を集めることが可能**ということです。

資金的に余裕が出たら、保険利用による利益の繰り延べを使い、利益を平準化できるようにしていきましょう。

保険などを使った節税をして良いのは、この段階からです。

これより前の段階では、納税して資金を会社にプールしましょう。

また、資金的に落ち着いたら、より利益をコントロールしやすい時期に決算期の変更を行ないます。

銀行は前期比較を重要指標としているので、決算期を変更すると、1年ぐらい融資を受けられなくなってしまう可能性があります。

ですから、最悪1年ぐらい融資を受けなくてもやっていけるだけの手元資金を確保してから行った方が良いと言えます。

ここまでやれば財務的には盤石の体制が整ったと言っても良いでしょう。

利益の再投資をうまくコントロールし、会社としてのビジネスモデルを時代に合ったものにしていく努力を続けていけば、会社は安泰ということになろうかと思います。

「これだけ注ぎ込んだのだから」が一番危険

中小企業のリストラにおいては、経費削減もさることながら、「不採算事業からの撤退」が1つのポイントになります。

事業を撤退するのは勇気が要ります。

過去の自分の決断を否定することであり、なによりもこれまでの投資について、「そろそろうまくいくはず」「これだけ注ぎ込んだのにもったいない」と考えてしまうからです。

しかし、事業を継続するか、中止するかの分かれ目において、「どれだけ回収できたか」すなわち先行投資分を基準にしてはいけません。

先行投下した資金はもう二度と戻ってこないからです。

基準とすべきは将来の利益だけです。

また、事業を継続するか中止するかの判断は、「粗利で固定費を賄えるか」でしなければなりません。

粗利とは、売上から利益を得るのに「直接」必要となる原価を差し引いた金額です。たとえば、売上から材料費や商品代、外注加工費などを差し引いた額になります。

固定費とはざっくり言うと、この「直接」必要となる原価以外の経費を指します。

売上３０００万円で経費が３５００万円かかり、５００万円の赤字を抱える飲食店を例に考えてみましょう。

材料費が売上の30％で９００万円かかっているとすると、固定費は３５００万円引く９００万円ですから２６００万円になります。

この場合、売上３０００万円から材料費９００万円を差し引いた２１００万円が粗利となりますから、70％の粗利率となります。

ここで粗利率アップを狙って原価率を下げると、料理の質を落とすことになり、客足が遠のいてしまうことが考えられますので、一般的にはここは固定して考えます。この事例の場合、２６００万円の固定費を賄うために、２６００万円の粗利を稼ぐように売上を増やさねばなりません。

では、いくらまで売上を増やせば良いかというと、「固定費÷粗利率」で求めることができます。この場合、２６００万円÷70％で、約３７１４万円になります。

ここが利益と損失の境目となり、経営分析用語で「損益分岐点売上高」と言います。

ここで、その店舗の面積、立地、レイアウト、回転率を判断材料として、損益分岐点売上高を達成できるかどうかで、事業の継続、中止を決定することが大切です。

よくある間違いが固定費まで含めて、損得計算をしてしまうことです。

粗利益のみで考えるべきです。

そして「ある一定個数の商品を提供すると利益が出る」という考え方が非常に大切で、その一定個数に達することが無理だと分かる商品や

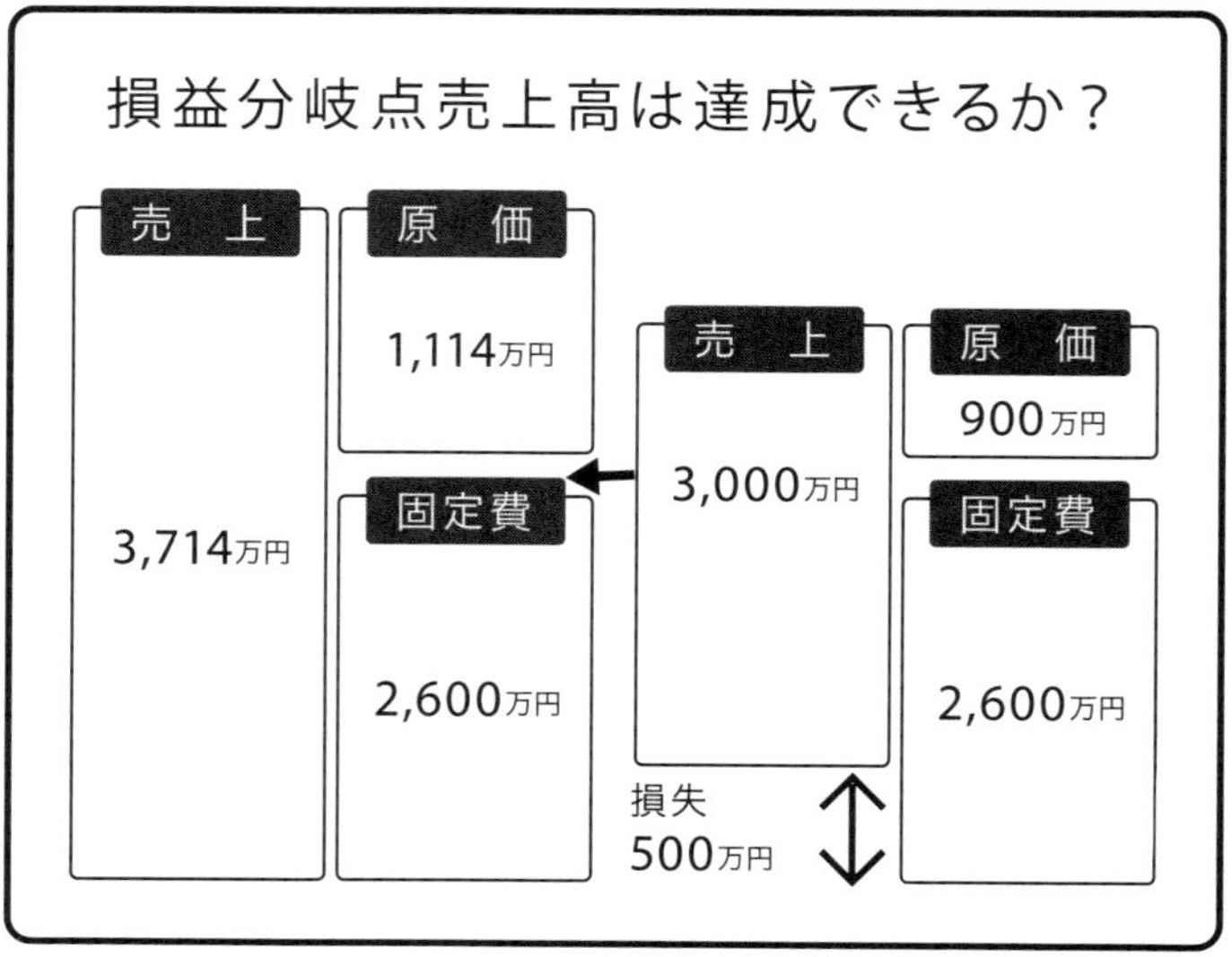

事業は中止、可能性があるなら継続が正しい思考プロセスになります。

どんなに商品やサービスが人気でも、店舗の大きさや設備のキャパシティから「提供できる上限」があります。上限まで達しても必要な利益を確保できない場合、その事業は中止が望ましいと言えます。

さらに、この固定費の中に「減価償却費」が含まれている場合、これは先述の先行投資分であり、事業を中止しても返ってくるものではないので、事業の継続判断からは除く必要があります。

減価償却とは、（税務上は）10万円以上で1年以上に分割して使える資産を買った場合に、その使用可能年数で割って経費化する仕組みです。

使用可能年数は、通常は税法で決められた法定耐用年数を用います。

たとえば、先ほどの飲食店の例で考えた場合に、内装などは減価償却している可能性があります。この場合、減価償却費は店舗経営をやめても返ってくる訳ではありませんので、固定費から除いて考えねばなりません。

これが投資に対する正しい判断のしかたになります。

減価償却の仕組み

600万円の車を買ったとき、経費にすると……

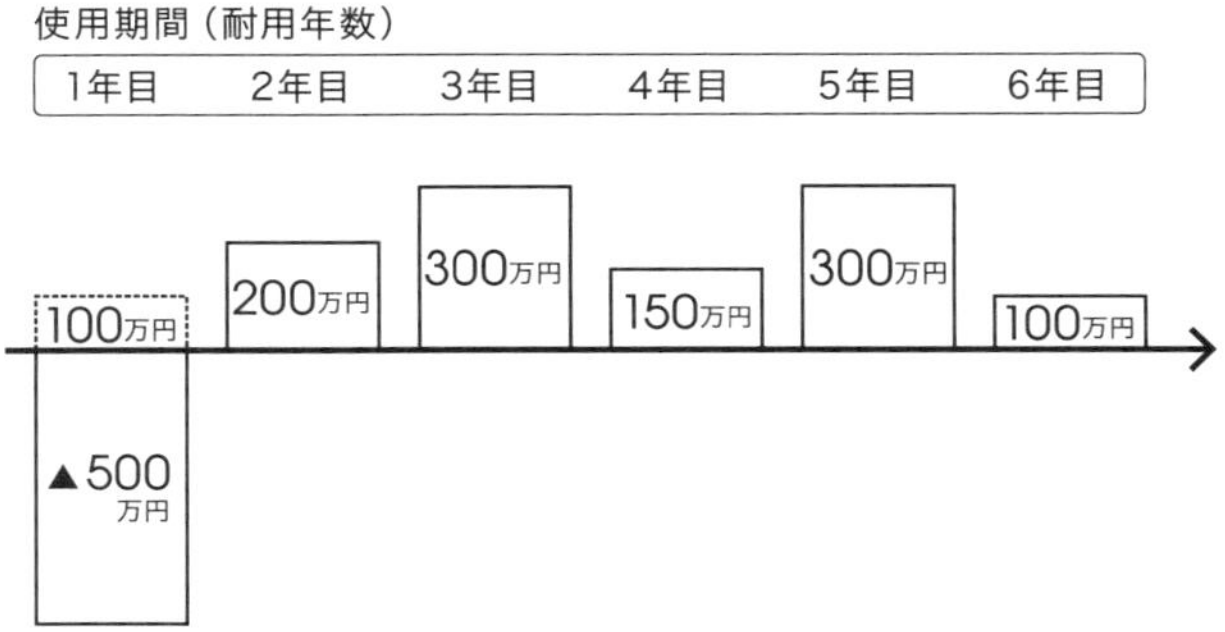

使用している効果が使用期間に対応せず、1年目だけが赤字になってしまい、損益が正しく把握できない。

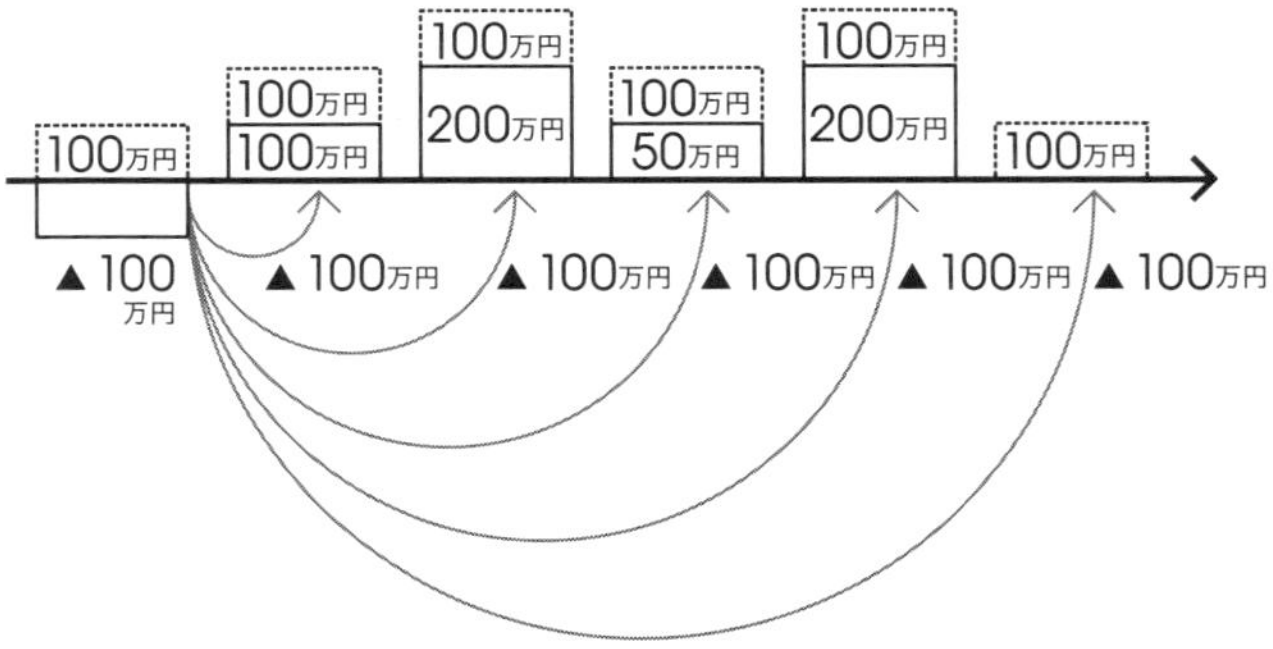

使用できる期間を見積もり（実務的には法定耐用年数）、その期間に車の購入費用を振り分けることで使用度合いを反映した正しい損益を把握できるようになる。

不採算取引先からの撤退も大切です。

そもそも受注から出荷までの時間がなさすぎる、あるいは、発注の締め切り時間を守ってくれず、特別対応になっている。

さらに、受注が少量なのに1回あたりの機械のセットアップ替えが大変で頻度が多い。

仕様変更が電話で頻繁に来て、最終仕様に合わせて作ったのに、まだクレームなどなど……。

こういった得意先はたいてい赤字になっています。

売上は減ってしまうかもしれませんが、こういうところと取引をやめた途端に黒字化することが多いので、検討してみると良いでしょう。

また、この場合に注意しなければならない点として、家賃や人件費といった間接費はその取引先がなくなっても減らないことです。

これは不採算店舗から撤退する場合の本部経費といった間接費にも言えます。

投資判断においてはどうしても視野が狭くなりがちです。

専門家や第三者の意見を広く取り入れて判断したいところです。

そして、業績が悪くなって急に別事業に着手する経営者をたまに見かけます。

隣の芝は青く見えるもので、夢を追いたくなる気持ちもわからなくはありません。

しかし、起死回生の逆転満塁ホームランを狙って、成功した例を見たことがありません。

おいしい仕事であれば、とっくに他社も飛びついているはずです。


隣接事業への業務拡大、または、取扱商品の新たなチャネルへの挑戦であれば可能性がないとは言えません。

それでも、種をまいて成果に結びつくまで、短くとも半年から1年はかかるものです。

ましてや、まったく別の業種への進出はやめた方が賢明でしょう。

実を結ぶまでに資金が尽きるのが関の山です。

お金に強い社長の裏ルール㉘

順を追って、切るべきカードを切っていき、確実に資金を厚くして、盤石経営！

第7章

「大きな節税」で会社の未来を切り拓こう

29 「大きな節税」とは一体何か？

これが「節税の王道」

ここまで会社を殺す節税をやめて手元資金を厚くする方法をお伝えしてきました。

その手順としては、まず①すぐに持てる手元資金を保険や役員報酬にせず貯める、②必要な法人税も支払い銀行の評価を上げて融資を受ける、③さらに銀行と交渉して有利な条件を引き出すというものです。

本書の最後に、「会社を発展させる、大きくする節税」の説明をしたいと思います。

会社を殺す保険や役員報酬増額を取った節税を私は「小さな節税」と呼んでいます。どれも会社の成長を止めるものです。

これに対して「会社を発展させる、大きくする節税」を、私は「大きな節税」と呼んでいます。会社の成長を加速させるものであり、また「払う必要のないものを払わない」ことです。

第1章で「借入総額の1％程度の法人税を払うくらいの利益を出す」ことをお勧めし、それを超えれば「利益の出しすぎ」とお伝えしました。

利益を出しすぎても、法人税を高くするだけなので、無駄ということになります。

本書をここまでお読みくださった社長さんであれば、第2章でお伝えしたような「法人税アレルギー」からは脱し、「銀行から高評価を受

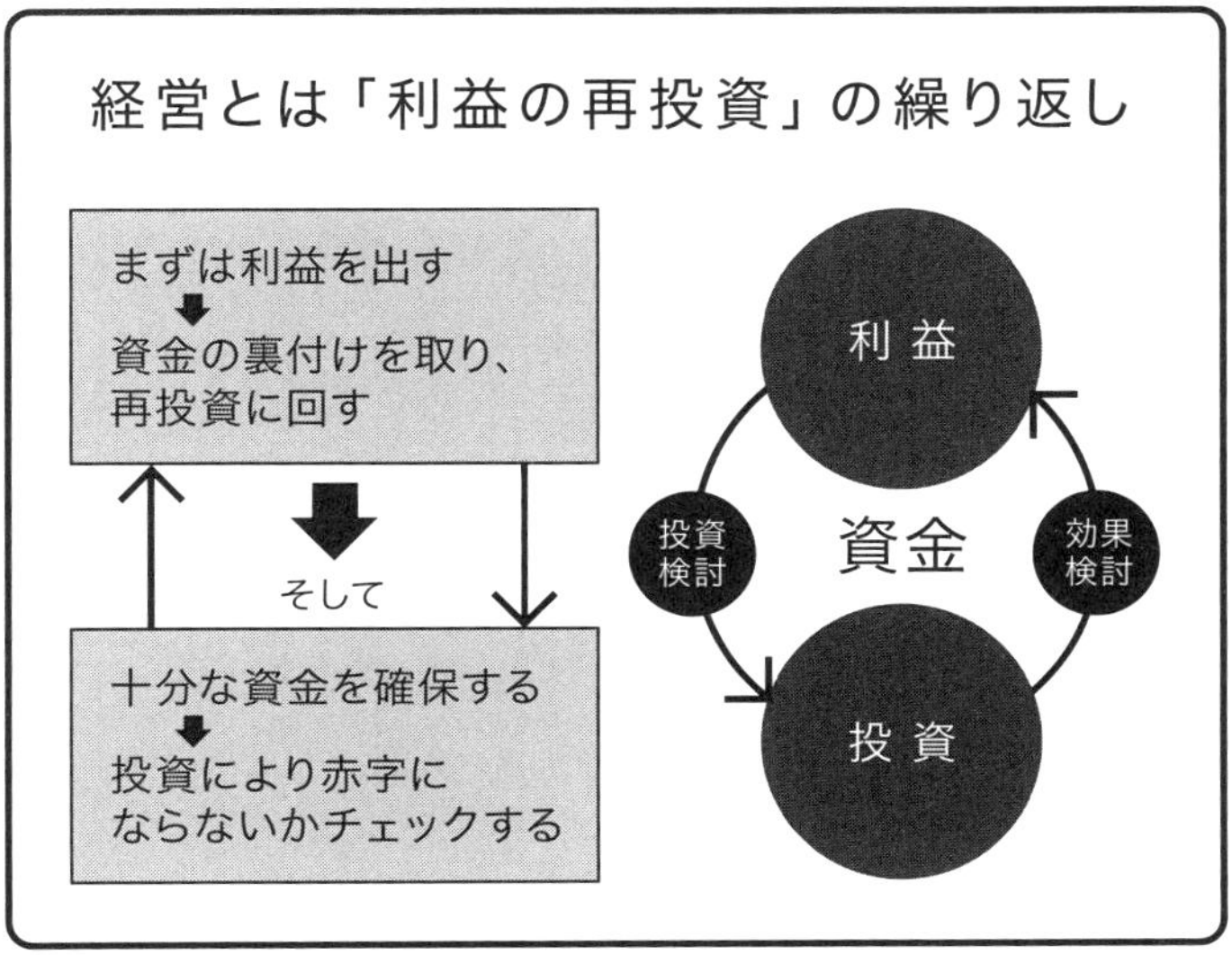

けられるための、払うべき法人税を払わない」のと「〝銀行からの評価を良くする〟目的を超えた、無駄に多い法人税の支払いをしない」の違いをご理解いただけると思います。

ここまでのステップを経た上で、無駄に多い法人税を払わないために適切な手を打つ、これが「大きな節税」です。

世に出回る「節税策」と言われるものとは異なりますが、これが王道と考えます。

大きな節税とは一体何か？　それは「銀行融資を受けて手元資金を減らさずに行う投資」です。投資の具体的な段取りについては、次ページの通りとなります。これから説明していきます。

商品やサービスというものは、何もしなければ陳腐化していきます。

飲食業であれば、同じメニューや内装が続けばお客様は飽きますし、製造業であれば新たな技術などを取り入れないと競合他社への転注の可能性が高まります。

さらに、従業員も昇給がなければ他社へと移ってしまう可能性もあります。

会社経営では、成長することをやめた瞬間から衰退が始まります。

常に成長を目指して、やっと現状維持というところです。

成長するために大切なのが、まずはきちんと利益を確保すること。

次にその利益を適切に再投資することです。

利益を確保するためには会計期間の前半に利益が出る月がくることが欠かせません。会計期間の前半に利益が出ていないとどうしても投資を躊躇することになります。

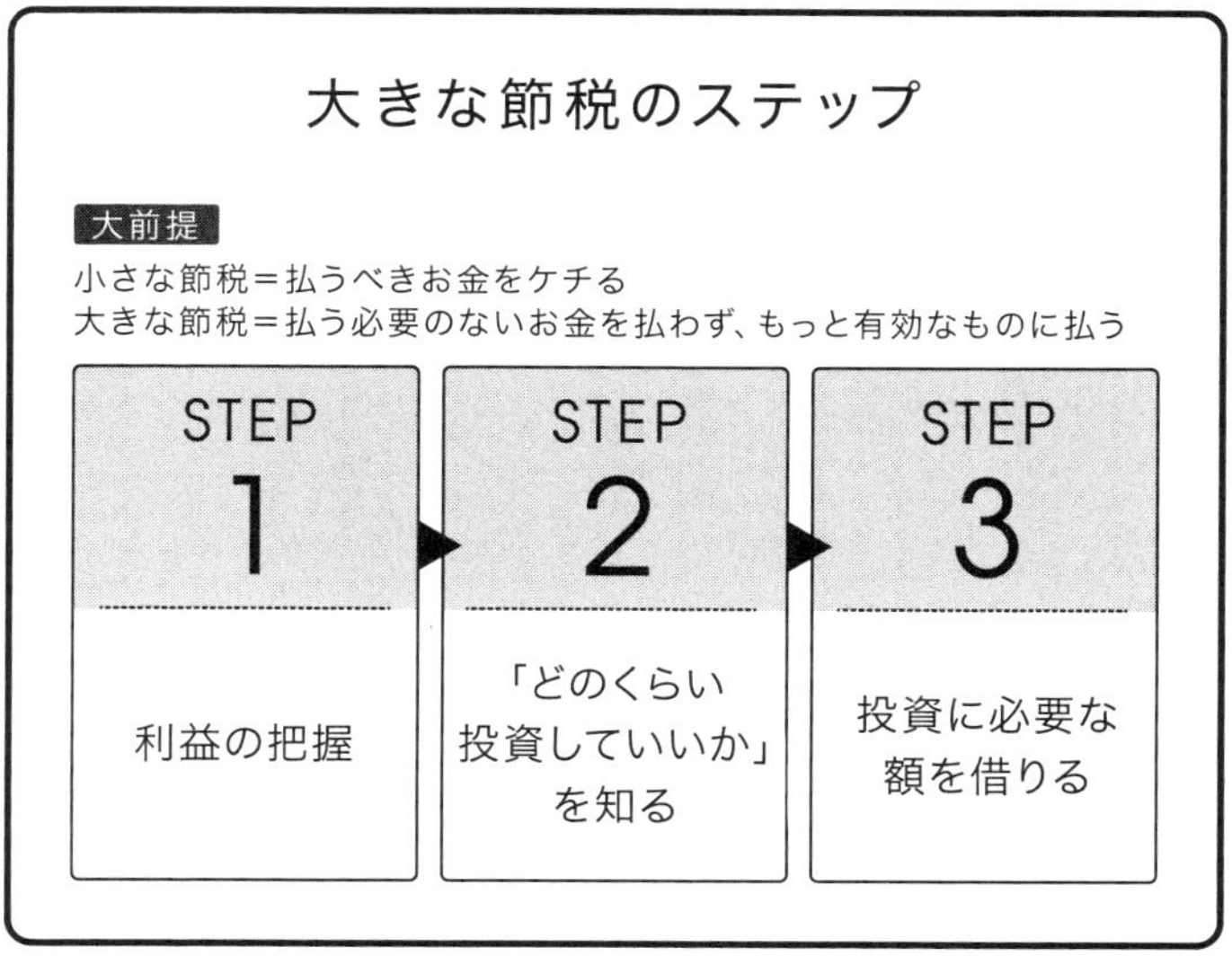
大きな節税のステップ
大前提
小さな節税＝払うべきお金をケチる
大きな節税＝払う必要のないお金を払わず、もっと有効なものに払う
STEP 1
利益の把握
STEP 2
「どのくらい投資していいか」を知る
STEP 3
投資に必要な額を借りる

「明日の売上に貢献する」ものはすべて投資

投資というと、機械などと大きなもの、「ソフト」と「ハード」で言うとハードの購入を思い浮かべるかもしれません。

投資にはこの他にも、人材採用・育成、新商品開発、広告宣伝、顧客接待、新規出店などといったソフト面を含めたものがあります。

また、従業員の昇給・賞与や、社員旅行をはじめとした福利厚生の充実など、明日の売上に貢献するであろう経費はすべて投資と言えるでしょう。

そして、出た利益はまた売上・利益に貢献するところに再投資すべきです。

お金に強い社長の裏ルール㉙

「その出費は明日の売上につながるか?」で考える

30 「どのくらい儲かっているか」正確に把握する方法

「儲かっているか」が分かれば「使っていい額」が分かる

再投資するためには、アイディアや未来のビジョンはもちろんのこと、大前提として利益と、手元資金が必要です。

そして、必要なものがもう1つあります。それが、できる限り正確な利益予測です。「どのくらい利益が出るか」が見えれば「どのくらい使って良いか」が分かります。「思ってもいなかった利益が出てしまった」とあわてて生命保険に入る必要はなくなります。

利益予測の確度を上げるために必要なのは、現状をできる限り正確に把握することです。

逆に言えば、利益も手元資金もない、正確な現状把握もできていない、経営者にビジョンがない、どれも成長を鈍らせます。

「貧すれば鈍す」お金がなくなれば打つ手は行き当たりばったりのものになります。逆に、お金があれば余裕が生まれ、思い切ったチャレンジや将来を見越した投資なども行えるようになるものです。

数字の把握で決定もスムーズ、スマート経営

とにかく、まずは利益が出ているかどうかを正確に把握できるようにしましょう。そのためには、毎月試算表を作成することです。

試算表といっても、漫然と売上や経費が載っているだけのものでは役に立ちません。

それでは大事な経営判断ができません。

あいまいな試算表からは、あいまいな予測しか生まれません。またあいまいな予測からは、あいまいな判断しか生まれません。

まず最低限度、売上と売上原価の対応関係がきちんと取れていることを確認してください。たとえば、「売上は月末で締めているが、仕入や外注費は20日締めのデータを使っている」そんな状態では正しい損益はつかめません。

棚卸も正確に把握している必要があります。

これが正確でないと、「仕入れたのに売れていない分」が分からず、利益を把握することができないからです。

人件費も同じです。

これも給与の締日に関係なく、毎月月初から月末までの数値を把握できる体制を整えてください。

ほとんどの中小企業では売上原価と人件費で経費の70%以上を占めていますから、ここが固まりさえすれば、正しい損益にかなり近づいていると言えます。

また、減価償却が必要な資産を買った場合には、その資産が稼働した月から減価償却を始めることが大切です。

①まずはしっかり利益を確保する
←②その利益を再投資する
←③再投資の結果赤字になっていないかチェックする
←①に戻る

という良いループが、企業が生き残るための必要条件です。
そして、そのためには「手元資金」が不可欠です。

数字を会計の基準で考えない

利益を把握するといっても、業種によりお金の流れも異なるため、方法も変わります。

たとえば、建設業やソフトウェア開発業は、着手から完成、引き渡しまでに数カ月かかることが普通です。

このような業種では材料費、社員の給与、外注費などが売上に先行して発生します。

売上を認識するタイミングについて、税法では基本的に「入金などにかかわらず完成引渡のとき」とされており、会計もこれと同様の処理をされることが多くなります。

つまり、出来高で工期の途中に受け取った入金やかかった経費を把握しておき、完成引渡のタイミングで売上を上げつつ、対応する原価を経費化もするという処理を行います。

しかし、このやり方はあくまでも「原則」であり、この方法で認識をすると、完成引渡のときまで利益が試算表上で確認できないので、利益把握のタイミングが遅れ、経営判断がしにくくなってしまいます。

ですから、毎月出来高で入金や支払いがあるならば、その都度売上を上げる、あるいは経費化してしまう方が利益を掴む上では良いと考えます。

逆に、出来高で入金や支払いがない場合であっても、請負金額を工期で割って平均的に毎月認識していくことが大切です。

決算期末だけ税法基準に直すのでも、このままの処理でも、利益を先取りする形になりますので、正確な数字の把握になり、のちに税務調査で問題となることは少ないと考えます。

お金に強い社長の

裏ルール㉚

利益はどんどん投資し、再分配しよう

31 「投資していい額」には鉄の掟

回収見込み額は決まっている？ いない？

「よし、利益をどんどん投資しよう」と思った経営者の方に、考えていただきたいことがあります。それは「いくらまで投資に回して良いのか？」です。

1つの指標となる数字があります。まずは、投資の種類を、「回収見込みが決まっている投資」と「回収見込みが決まっていない投資」の2種類に分類します。

回収見込みが決まっている投資とは、借りて使っていた機械などを購入する、賃貸のオフィスや工場を買い取って自己所有とするなどが考えられます。

リースしていた機械を買うためのお金を銀行から借りた場合には、買うことで発生しなくなる賃料を借入金の返済に充てることができます。

そう考えると、「自己所有する前に払っていた賃料×投資資産の耐用年数」までが利益に対してノーリスクでできる投資ということになります。

回収見込みが決まっている投資は、このように簡単に計算できます。

ただし、投資は全額借入で行うことが前提です。

次に、回収見込みが決まっていない投資について。

これに該当するもので一番分かりやすいのは接待交際費のようなものです。広告宣伝費や研究開発費なども入るでしょう。

これらは売上との直接の因果関係が薄い分、広い範囲が該当します。

「顧客になるかもしれない人とのゴルフ」なども、投資と言えば投資になります。

この場合、まずはキャッシュ・フロー計算書の営業キャッシュ・フローを確認しましょう。

営業キャッシュ・フローは再投資に使える資金的裏付けになります。

次に、この営業キャッシュ・フローから、1年以内の借入返済予定額を差し引きます。

この額がいわゆる「冒険に使える資金」ということになります。

そして、この冒険に使える資金と、今期の利益予想をくらべ、予想利益の範囲内であれば赤字になることはありません。

これが回収予定の決まっていない投資に対する限度額です。

これを超えると決算書が赤字になる、あるいは資金が底をつくことになりかねません。

裏を返すと、営業キャッシュ・フローよりも借入返済予定額の方が大きい場合には、遊びに使える資金はないということです。

このような形で投資を分類し、実行することで、成長を止めないことが企業の永続には必要なことなのです。

最後に大きな投資に対する税制優遇措置を紹介します。

融資を受けて手元資金を減らさずに行う大きな節税の典型と言って良いでしょう。

2018年時点でもっとも有利になるのは「中小企業経営強化税制」と呼ばれるものです。

一定額(注1)以上の設備投資をした場合に、即時償却（購入額全体を買ったときに経費にできる）または取得価額の最大10%の税額控除が受けられ、かつ、該当資産の償却資産税が2分の1になるという制度です。

各地方の経済産業局等に「経営力向上計画」を提出する必要がありますが、計画のフォーマットが決まっており、内容自体は簡単ですので、ぜひとも適用を検討したいところです。

なお、中小企業経営強化税制が当てはまらなくとも、従前からある「中小企業投資促進税制」は使いたいところです。

こちらは、中小企業経営強化税制よりは対象資産が狭まり、また、特別償却の限度額が取得価額の30％となってしまうというデメリットがありますが、中小企業経営強化税制と違い、事前に認定を受ける必要がないというメリットがあります。

とはいえ、普通償却と合わせると、（取得の時期にもよりますが）取得価額の半分近くを経費とすることができますから、大いに活用すべきでしょう。

少し専門的になりますが、これらは「特別償却準備」という決算項目を使って処理することで、経常利益を圧迫することなく節税メリットを受けることも可能です。

つまり、「利益を出しながらも税金は払わない」という夢のような処理が可能ということになります。

このような形で、まずは小さな節税をやめてしっかり利益を出して、投資したいときに銀行からいつでも借りられる状態を作る。

そして、融資を受けて投資をすることで手元資金を減らさずに大きな節税メリットを受ける。

さらに、最新設備の導入により売上増や人件費抑制といった、次の利益につなげる。

このような良いスパイラルを描く企業経営ができるようになれば、企業経営は盤石なものになっていくことでしょう。

（注１） 機械装置１６０万円以上、工具・器具・備品30万円以上、建物附属設備60万円以上、ソフトウェア70万円以上

役員報酬は、最後の最後のご褒美

「理想は役員報酬ゼロ。税金上も非効率。役員報酬をもらうのは最悪の手」

本書の最初の方で、そのようにお伝えしてきました。

保険や役員報酬などの「小さな節税」をやめ、法人税を払い、手元資金を厚くする。

その手元資金を使って銀行から融資を受け、低金利などより好条件を引き出す。そして十分に

出ている利益は投資に回す。

そこまでやっても、利益が余るようならば、そのときは、役員報酬を増額しても良いでしょう。

「ビタ一文も税金にしたくないから役員報酬」と、「必要な支払いをすべて行っても余っている、十分に出た利益を、高すぎる法人税にするくらいなら、役員報酬」にする。

この違いを、ここまでお読みくださった方は、十分に理解されていることでしょう。

役員報酬は、手元資金を厚くし、十分なお金を会社に残した経営者が、最後の最後に受け取れるご褒美です。

お金に強い社長の
裏ルール㉛
「攻め」の分野こそ数字を見ながら慎重に

見方を変えれば、役員報酬は「会社が手元資金を厚くする上で、最初に手をつけるべきもの」ということです。

そのことさえ分かっていれば、今後も経営を誤ることはありません。

自信を持って経営に邁進していただきたいと思います。

おわりに

最後までお読みくださりありがとうございました。

前著『借入は減らすな！』（あさ出版）は、タイトルが表わす通り、銀行対策に焦点を絞って書いたものです。

書いた時点では、「もうこれ以上のノウハウはない、完全に出し切った」と考えておりましたが、時間が経つにつれ、「前著の内容も間違いではなかったが、この要素が抜けてしまうとツメが甘くなるな」という点が、いくつもあることに気づいてしまいました。

その抜けてしまった要素をどうしてもみなさまにお伝えするとともに、中小企業の取るべき財務戦略についてお伝えしたく、本書執筆の機会をいただきました。

銀行対策については、本書のノウハウだけでも十分ではありますが、より詳しく知りたい方は、前著と合わせてお読みいただけるとさらに効果があがるのではないかと思います。

最後に、本書を出版するにあたり、お世話になった方達に、この場をお借りしてお礼を申し上げたいと思います。

まず、本書を執筆するきっかけを与えてくれた実務経営サービスの板垣さん。

それから、前著より引き続き編集を引き受けてくださった吉田さん。

機会を与えてくださるとともに支えてくださった、すばる舎のみなさん。

さらに、顧問先のみなさまと、ネット関係のマーケティングを担当してくださったノイズの池永さん、本業の税理士業を支えてくれている税理士法人のパートナーと社員たち。

そして、妻と息子には、こんなときぐらいしかお礼を言う機会がないので、改めてお礼を申し上げたいと思います。

また、紙面の都合上、書ききれませんが、多くの方達のおかげで本書を書き上げることができました。

みなさま、本当にありがとうございました。

そして最後に、前著は天国の父に捧げたものだったので、本書は、ここまで育ててもらった母に捧げたいと思います。

２０１８年４月　松波竜太

本書をお読みくださったあなたへ

無料プレゼントのご案内

本書をご購入くださった読者の皆さまへ、
著者である松波竜太より、
紙幅の都合上、掲載できなかった内容を
無料プレゼントとして用意いたしました。
ぜひ、ご活用ください。

プレゼント内容

・松波竜太による音声セミナー（音声）

・会社を強くする節税のポイント50（PDF）

詳細は下記URLよりアクセスください。

www.ginkokariire.com/book/privilege.html

※特典の配布は予告なく終了することがございます。予めご了承ください。
※PDF並びに音声はインターネット上のみでの配信になります。予めご了承ください。
※このプレゼント企画は、松波竜太が実施するものです。
プレゼント企画に関するお問い合わせは「info@ginkokariire.com」まで
お願いいたします。

〈著者紹介〉

松波 竜太（まつなみ・りょうた）

◇―税理士・さいたま新都心税理士法人代表社員。独立前に担当した会社の社長が資金繰りに悩みこの世を去ったことにショックを受け、それまで机上で勉強した財務戦略が全く役に立たないことを痛感、本気で中小企業の財務戦略について考える。
◇―その後独立し、税理士として15年、会計事務所業界で20年以上のキャリアの中で、300社以上の中小企業に関与し、特に資金繰りと銀行交渉についてサポート。
◇―「決算書が読めない経営者でも銀行交渉ができる」をコンセプトに説明資料の準備から、アピールすべき点、想定される質問、さらには交渉の継続判断など具体的な「次の一手」をアドバイスし、手元資金を顧問契約締結前の最大17倍（平均3倍）、金利を1/2以下にするなどの実績により、中小企業経営者から絶大な信頼を得ている。著書に『借入は減らすな！』（あさ出版）がある。

銀行借入ドットコム
http://www.ginkokariire.com

さいたま新都心税理士法人 名護・松波事務所
https://www.saitamasintos.in

その節税が会社を殺す

2018年 5月22日　第1刷発行
2018年 6月20日　第3刷発行

著　者――松波竜太

発行者――徳留慶太郎

発行所――株式会社すばる舎

〒170-0013 東京都豊島区東池袋3-9-7 東池袋織本ビル
TEL　03-3981-8651（代表）　03-3981-0767（営業部）
振替　00140-7-116563
http://www.subarusya.jp/

印　刷――株式会社シナノ

ISBN978-4-7991-0700-3